Concours

administratifs

L'ÉPREUVE ORALE D'ANGLAIS AUX CONCOURS ADMINISTRATIFS

Direction éditoriale : Claire Cornubert
Coordination éditoriale : Patricia Landry
Couverture : Guillaume Pigelet
Cartes : Jean-Pierre Pirat
Fabrication : Nord Compo
Maquette intérieure, mise en page et suivi éditorial : Nord Compo, 7, rue de Fives, 59650 Villeneuve-d'Ascq

Éditions Ophrys, 25, rue Ginoux, 75015 Paris.
www.ophrys.fr

ISBN : 978-2-7080-1291-2

Concours
administratifs

L'ÉPREUVE ORALE D'ANGLAIS AUX CONCOURS ADMINISTRATIFS

Ministères

de l'Intérieur
de la Justice
de la Défense

Stéphanie Bory
Marion Charret-Del Bove
Elizabeth Gibson

ÉDITIONS
OPHRYS

Sommaire

Préfaces

L'une des réalités de la justice d'aujourd'hui est la mondialisation des phénomènes, la multiplication des échanges et la disparition progressive des frontières, qu'elles soient économiques, politiques ou judiciaires. C'est particulièrement vrai au sein de l'Union européenne. Or, pour réussir la construction d'un espace judiciaire européen, espace de liberté, de sécurité et de justice, les juges et procureurs européens doivent se connaître et se comprendre. La connaissance et la reconnaissance mutuelle nécessitent des rencontres et des échanges, lesquels supposent de se comprendre et donc de connaître la langue utilisée par l'autre.

Depuis 2008, l'École Nationale de la Magistrature a renforcé la dimension internationale de ses enseignements dans tous les domaines. Cela se traduit par l'augmentation de la formation en langues étrangères, mais aussi par l'intervention plus fréquente de magistrats ou d'auditeurs étrangers dans les formations, par le développement des stages et des séminaires organisés par l'École à l'étranger, ou encore par le renforcement des programmes d'échange de magistrats. Aujourd'hui, l'offre de formation continue proposée aux magistrats français intègre cet impératif international dans chacune de ses déclinaisons. L'offre de stages de langues a considérablement augmenté et les occasions n'ont jamais été aussi nombreuses, pour les magistrats français, de découvrir comment fonctionnent concrètement les systèmes judiciaires étrangers.

Dans ce contexte, la maîtrise de la langue anglaise est essentielle, car il s'agit d'une langue que les magistrats de tous les pays partagent de plus en plus. Dans un souci de pragmatisme, l'École Nationale de la Magistrature a donc décidé, à l'occasion de la réforme de son concours, d'instituer une épreuve d'anglais obligatoire. Cette nouvelle exigence va de pair avec les enseignements dispensés à l'École par la suite. L'ENM souhaite en effet recruter des personnes ayant un niveau suffisant en anglais pour pouvoir poursuivre cet apprentissage en formation initiale et tout au long de leur carrière de magistrats. Aujourd'hui, les futurs magistrats suivent, durant toute la période d'études, **trois heures par semaine de cours d'anglais.**

Tout cela se fait, bien entendu, en conservant un certain pluralisme linguistique. D'autres langues sont enseignées à l'ENM et, dans l'intérêt des candidats maîtrisant à titre principal une autre langue que l'anglais, une épreuve optionnelle de langues étrangères a été instituée. Mais l'anglais reste un passage obligé car elle est de fait la langue par défaut, une langue commune pour l'interaction sociale et donc indispensable

à la construction d'un espace judiciaire mondialisé. Tous les grands corps de l'État sont concernés, et en particulier les ministères de l'Intérieur et de la Défense.

Dans un tel contexte, l'existence d'un manuel consacré aux épreuves orales d'anglais dans les concours administratifs des ministères de l'Intérieur, de la Justice et de la Défense prend tout son sens. Fourmillant de conseils pratiques, il constitue un outil méthodologique précieux pour les candidats aux différents concours de ces ministères, au premier rang desquels figure le concours d'accès à l'École Nationale de la Magistrature. Revenant sur les grands fondamentaux de la culture juridique anglo-saxonne, il pourra se montrer utile bien au-delà de la préparation des concours.

On ne peut que féliciter tous les auteurs de cet ouvrage. Elles ont su réunir, dans un nombre de pages volontairement limité, une somme considérable d'informations. Ce sont des professionnelles reconnues et cet ouvrage les honore, ce qui n'étonnera notamment pas ceux qui connaissent Elizabeth Gibson, qui est intervenue, pour la plus grande satisfaction des auditeurs de justice, dans les enseignements de l'anglais à l'ENM et participe encore aujourd'hui à la réussite de nos étudiants des classes préparatoires.

Jean-François Thony*

Directeur de l'École Nationale de la Magistrature

...

Dans un contexte marqué par l'européanisation du droit, des sources jurisprudentielles et de la documentation juridique disponible, et par le besoin d'ouvrir les magistrats français aux problématiques internationales en lien avec leurs pratiques professionnelles et de potentielles opportunités de carrière, l'École Nationale de la Magistrature a créé en 2009 un pôle de formation « dimension internationale de la justice ». Celui-ci intervient, tant en formation initiale des auditeurs de justice qu'en formation continue des magistrats en juridiction, pour l'apprentissage approfondi des langues étrangères, et tout particulièrement de l'anglais.

La maîtrise de la langue anglaise devient un atout incontournable pour les magistrats de demain. Depuis la mise en place, en 2008, de stages intensifs d'anglais dans le cadre

* Jean-François Thony est directeur de l'École Nationale de la Magistrature depuis septembre 2007. Entré dans la magistrature en 1982, il a été successivement juge d'instruction, procureur de la République, puis conseiller à la Cour d'appel. Il a rejoint le Programme des Nations unies pour le Contrôle international des Drogues (PNUCID) en 1991 comme conseiller juridique puis directeur du Programme mondial contre le blanchiment d'argent. En juillet 2002, il a été nommé sous-directeur des affaires juridiques du FMI, responsable du Groupe d'Intégrité financière du FMI. Vice-président de l'Association internationale de Droit pénal (AIDP), Jean-François Thony est aussi vice-président de l'Institut International des Hautes Etudes en Sciences Criminelles (Syracuse, Italie), membre du Conseil d'Orientation scientifique du groupe de recherche sur la délinquance financière de l'Université d'Aix-Marseille (France) et membre du Conseil académique de l'Académie internationale anti-corruption (Laxenburg, Autriche). Il a publié de nombreuses études et recherches sur le blanchiment de l'argent et le financement du terrorisme.

de la formation continue nationale des magistrats français, la demande de ces stages a quadruplé, preuve que les magistrats sont de plus en plus exposés à la langue anglaise dans leur travail.

Par conséquent, il est préférable que cette maîtrise commence bien avant l'entrée en juridiction, et que l'étude de la langue anglaise tout au long des cursus scolaire et universitaire prépare les futurs magistrats à communiquer de manière efficace avec leurs partenaires européens et internationaux.

Amanda Gede-Wallace
Professeur d'anglais
Coordonnatrice des enseignements des langues
École Nationale de la Magistrature

...

Que l'on s'en réjouisse ou qu'on le déplore, l'anglais est devenu la langue véhiculaire de ce début de XXIe siècle, comme le fut jadis le latin. Le milieu juridique et judiciaire français s'est longtemps cru à l'abri de cette évolution, peut être à cause de l'hégémonie des juristes français sur le système de droit romano-germanique. Aujourd'hui encore, nombre de ses représentants se lamentent des anglicismes qui s'immiscent dans le vocabulaire juridique, et plus particulièrement en droit des affaires.

Les étudiants préparant des examens et concours ne doivent pas céder à cette nostalgie. L'apprentissage de l'anglais et sa maîtrise sont souvent une clef de la réussite aux épreuves et, au-delà, la perspective de carrières professionnelles ouvertes sur le vaste monde.

Le livre que les auteures présentent est le fruit de leur expérience au plus près des étudiants. Elles maîtrisent à la fois la pédagogie et la rigueur scientifique nécessaires à ce type d'ouvrage. Clair, astucieux et précis, son contenu est parfaitement adapté aux épreuves des examens et aux concours d'accès aux professions juridiques et judiciaires. Il est un instrument nécessaire et utile à une préparation sérieuse pour les étudiants motivés. L'auteur de ces lignes ne peut donc que les féliciter pour leur initiative et souhaiter à leurs lecteurs toutes les chances de réussite qu'ils mériteront.

Franck Marmoz
Maître de conférences HDR en droit privé
Université Jean Moulin – Lyon III
Directeur de l'Institut d'Études judiciaires

Avant-propos

Cet ouvrage est le fruit d'une rencontre : celle de plusieurs enseignantes travaillant avec le même public et qui ont décidé de mettre en commun leurs expériences pédagogiques au service d'étudiants se trouvant dans la position parfois difficile de se préparer à un oral d'anglais dans le cadre des épreuves d'admission de différents concours administratifs.

Ce livre est donc issu de la collaboration de trois collègues d'anglais qui exercent ou ont exercé dans un département de non-spécialistes : la faculté de droit où se trouvent ceux que l'on appelle communément les « juristes ». Mme Stéphanie Bory a été PRAG d'anglais au sein de la Faculté de Droit de l'Université Jean Moulin – Lyon III de 2007 à 2009. Elle est docteur en langues, spécialisée en civilisation britannique et maître de conférences dans cette université. Mme Marion Charret-Del Bove est maître de conférences dans l'UFR de droit, sciences politiques et sociales de l'Université Paris-Nord où elle enseigne l'anglais juridique en licence et mastère. De 2000 à 2010, elle fut PRAG d'anglais à l'UFR de droit de l'Université Jean Moulin – Lyon III. Mme Elizabeth Gibson a été, pendant neuf ans, PRAG d'anglais à la Faculté de Droit de l'Université Montesquieu – Bordeaux IV, où elle a obtenu un doctorat en droit public. Elle est actuellement maître de conférences dans la filière droit-langues de l'Université François Rabelais de Tours, qui vise à former des juristes-linguistes. Elle intervient en tant que vacataire à l'École Nationale de la Magistrature de Bordeaux. Toutes trois, nous avons été (et sommes encore) chargées d'enseignement dans le cadre des IEJ (Instituts d'Études judiciaires) des universités de Lyon III et de Bordeaux IV.

Nos années d'expérience respectives nous ont montré qu'il n'existait, à ce jour, pas de manuel dédié uniquement à l'entraînement de l'épreuve orale d'anglais des concours administratifs que les candidats redoutent parfois, voire souvent car ils ne savent pas toujours exactement comment ils vont être évalués. C'est pourquoi cet ouvrage est destiné à tous ceux qui ont besoin d'informations et de conseils précis sur les modalités de préparation et de passage de cette épreuve, présente dans une grande majorité des concours administratifs, tels que le concours d'entrée à l'École Nationale de la Magistrature, le concours à la fonction de commissaire de la Police nationale, le concours pour le recrutement des officiers de la Police nationale, le concours pour le recrutement des gardiens de la paix et le concours d'entrée à l'École des Officiers de la Gendarmerie. Bien souvent, un même étudiant prépare plusieurs concours à la fois, en raison des similitudes de programme. Nous sommes particulièrement soucieuses de fournir

ici aux étudiants et enseignants qui les préparent les outils méthodologiques et sujets d'annales indispensables, leur permettant ainsi d'aborder n'importe quelle épreuve ou d'analyser tout type de texte.

Au-delà des simples considérations pratiques à court terme, nous sommes aussi animées par le désir de réconcilier les étudiants (et les futurs fonctionnaires) avec la langue anglaise pour qu'ils en maîtrisent les grands principes de fonctionnement et puissent en faire un facteur de progression professionnelle et personnelle.

Les auteures tiennent à remercier l'ensemble des personnes qui les ont aidées et encouragées dans l'élaboration de cet ouvrage, les diverses administrations qui ont répondu à leurs questions, ainsi que les étudiants qui leur ont fourni des sujets d'annales. Sans leur collaboration précieuse, ce livre n'aurait sans doute jamais vu le jour.

Les auteures

Introduction

Actuellement, parmi les épreuves d'admission d'un très grand nombre de concours administratifs, figure une épreuve orale de langue vivante (obligatoire ou facultative). Cette épreuve est parfois écrite, mais plus rarement, par exemple le concours de recrutement des greffiers et greffiers en chef des services judiciaires (cf. tableau récapitulatif pour plus d'information). Même si le choix de la langue est encore possible, une grande majorité des candidats optent pour l'anglais.

L'École Nationale de la Magistrature a pris le parti de rendre obligatoire l'anglais comme première langue vivante. Pour quelles raisons ? Il est évident que, de nos jours, le développement de l'espace judiciaire européen rend nécessaire la maîtrise d'une ou de plusieurs langues vivantes par les magistrats. L'anglais est, de fait, utilisé par défaut lorsque deux magistrats de pays différents ne partagent pas la même langue.

De surcroît, l'un des objectifs de la formation à l'ENM est de conforter la maîtrise d'une langue étrangère. Or, il est difficile de mener de front des enseignements de qualité dans différentes langues étrangères. Là encore, le choix de l'anglais s'est imposé naturellement. Des cours obligatoires sont donc dispensés aux auditeurs à hauteur de trois heures par semaine avec pour objectif de maintenir, voire d'élever, un niveau qui aura été vérifié au stade du concours.

L'épreuve orale d'anglais est aussi présente dans les métiers de la police et de la sécurité dépendant du ministère de l'Intérieur. Ici encore, la connaissance et la maîtrise d'une ou plusieurs langues vivantes sont très importantes pour le futur métier exercé. En effet, un nombre croissant d'étrangers (immigrants ou voyageurs) est partout présent sur le territoire national. En service, l'officier de police peut être confronté à tout moment à une situation de communication avec ces personnes ne parlant pas français. Bien souvent, lorsqu'un étranger se trouve dans un pays dont il ne connaît pas la langue vernaculaire, il s'adresse en anglais aux policiers qu'il rencontre, pensant qu'il sera compris et qu'on le renseignera correctement. De plus, maîtriser une ou plusieurs langues sera un élément significatif pour une évolution de carrière car, pour prétendre accéder à des postes à responsabilités de plus en plus élevées, il faut être capable de communiquer (en anglais la plupart du temps) avec des collègues étrangers venant des pays de l'Union européenne et au-delà. Par exemple, dans le cadre d'enquêtes internationales ou d'affaires de disparition d'enfants qui nécessitent une collaboration étroite et rapide entre services de police, la maîtrise de l'anglais comme outil de communication est un impératif à ne surtout pas négliger.

Finalement, il suffit de lire un extrait du site Internet qui présente l'enseignement linguistique dispensé au sein de l'École des Officiers de la Gendarmerie nationale : « *L'importance grandissante des missions internationales de la gendarmerie, la mise en place d'une politique de sécurité au niveau de l'Union européenne comme les exigences interarmées dans le domaine de la formation rendent indispensable l'acquisition par tous les futurs officiers d'un niveau linguistique professionnel nécessaire pour répondre à ces besoins** ». Ainsi, les candidats à ce concours doivent-ils prendre conscience que l'épreuve orale n'est qu'une première étape vers une meilleure maîtrise et un perfectionnement d'une pratique linguistique indispensable dans le monde.

Par conséquent, cet ouvrage se veut un outil d'autoformation qui se présente en cinq grandes parties : la première a pour objectif de dispenser aux candidats des conseils d'ordre général afin de se préparer au mieux à l'épreuve, quelle qu'elle soit. L'objectif du second volet est de fournir aux étudiants les informations fondamentales concernant le système juridique et l'organisation juridictionnelle des États-Unis, de l'Angleterre et du pays de Galles. La troisième partie est dédiée plus spécifiquement au concours du ministère de la Justice, au concours d'entrée à l'ENM, en particulier à la suite de la réforme des modalités des épreuves à compter de la session 2009. Vient ensuite le quatrième volet consacré aux spécificités et aux exigences des concours administratifs dépendant du ministère de l'Intérieur. En dernier lieu, la cinquième partie se penche sur un concours sous le contrôle du ministère de la Défense, traditionnellement réservé aux candidats issus de l'École militaire de Saint-Cyr, mais qui s'est ouvert en externe en 2005 : le concours d'accès à l'École des Officiers de la Gendarmerie nationale (EOGN).

Chaque partie se subdivise de manière identique :
- Caractéristiques de l'épreuve ;
- Déroulement de cette épreuve ;
- Entraînement spécifique et préparation ;
- Proposition de sujets d'annales corrigés.

* http://www.ecole_officiers.gendarmerie.defense.gouv.fr/ensling.php : page consultée le 15 février 2011.

Tableaux récapitulatifs de l'épreuve orale d'anglais aux concours administratifs

Ministère de la Justice

Nom du concours	Type d'épreuve	Durée de la préparation	Durée du passage	Texte de support	Coef.	Remarques
Concours d'entrée à l'École Nationale de la Magistrature.	Épreuve orale obligatoire d'anglais.	15 minutes.	15 à 20 minutes compte rendu du texte et développement d'un thème devant deux examinateurs, puis conversation.	Texte de presse d'environ 400 mots.	3	Pas de choix possible pour la langue vivante 1.
http://www.enm.justice.fr/_uses/lib/5778/Session2010_concours_acces_ENM_2010_06.pdf						
Concours de recrutement des directeurs des services pénitentiaires.	Épreuve orale obligatoire de langue étrangère.	Texte tiré au sort par le candidat, pas de préparation.	20 minutes de conversation avec le jury	Texte de presse écrit dans la langue choisie.	2	Les langues admises sont l'allemand, l'anglais, l'arabe classique, l'espagnol, l'italien, le mandarin, le portugais et le russe.
http://www.metiers.justice.gouv.fr/art_pix/NoticeDirecteurs2008.pdf						
Concours de recrutement des lieutenants pénitentiaires.	Épreuve orale facultative de langue étrangère.	Texte tiré au sort par le candidat, pas de préparation.	10 minutes de traduction du texte de support puis 10 minutes de conversation.	Texte de presse écrit dans la langue choisie.	1	Les langues admises sont l'allemand, l'anglais, l'arabe classique, l'espagnol et l'italien.
http://www.metiers.justice.gouv.fr/art_pix/NoticeLieutenants09%20.pdf						
Concours de recrutement des greffiers des services judiciaires.	Épreuve écrite facultative.	1 heure.	Pas de passage à l'oral.	Texte à traduire (thème ou version).	1	Les langues admises sont l'allemand, l'anglais et l'espagnol.
http://www.metiers.justice.gouv.fr/art_pix/textes_concours_greffiers_2008.pdf						
Concours de recrutement des greffiers en chef des services judiciaires.	Épreuve écrite facultative.	1 heure 30.	Pas de passage à l'oral.	Texte à traduire (thème ou version).	1	Les langues admises sont l'allemand, l'anglais et l'espagnol.
http://www.metiers.justice.gouv.fr/art_pix/notice-gc2008.pdf						

Ministère de l'Intérieur

Nom du concours	Type d'épreuve	Durée de la préparation	Durée du passage	Texte de support	Coef.	Remarques
Concours à la fonction de commissaire de la police nationale.	Épreuve orale obligatoire de langue étrangère.	Tirage au sort du texte puis 20 minutes de préparation.	20 minutes de conversation avec le jury.	Texte de presse écrit dans la langue choisie.	4	Les langues admises sont l'allemand, l'anglais, l'arabe, l'espagnol, l'italien, le mandarin, le russe et le turc.
Comment devenir commissaire de police : brochure 2010						
Concours de recrutement des officiers de la police nationale.	Épreuve orale obligatoire de langue étrangère.	Pas de temps de préparation.	15 minutes de conversation avec le jury.	Pas de texte de support.	3	Les langues admises sont l'allemand, l'anglais, l'arabe, l'espagnol et l'italien.
Comment devenir officier de police : brochure 2010						
Concours de recrutement des gardiens de la paix.	Épreuve orale obligatoire de langue étrangère.	Pas de temps de préparation.	10 minutes de conversation avec le jury.	Pas de texte de support.	1	Les langues admises sont l'allemand, l'anglais, l'arabe, l'espagnol et l'italien.
Comment devenir gardien de la paix : brochure 2010						
Concours de recrutement des techniciens de la Police technique et scientifique.	Épreuve orale facultative de langue étrangère.	Pas de temps de préparation.	15 minutes de conversation avec le jury.	Pas de texte de support.	1	Les langues admises sont l'allemand, l'anglais, l'espagnol, l'italien et l'arabe. Seul est pris en compte le nombre de points supérieur à 10 sur 20.
Comment devenir technicien PTS : brochure 2010						
Concours de recrutement des agents spécialisés de la Police technique et scientifique.	Épreuve orale facultative de langue étrangère.	15 minutes.	15 minutes traduction d'un texte écrit et/ ou discussion avec le jury.	Texte de presse écrit dans la langue choisie.	1	Les langues admises sont l'allemand, l'anglais, l'espagnol, l'italien et l'arabe. Seul est pris en compte le nombre de points supérieur à 10 sur 20.
Comment devenir agent specialisé PTS : brochure 2010						

Ministère de la Défense

Nom du concours	Type d'épreuve	Durée de la préparation	Durée du passage	Texte de support	Coef.	Remarques
Concours d'entrée à l'École des Officiers de la Gendarmerie nationale (fonctionnaires catégorie A / officiers de carrière de gendarmerie universitaire).	Épreuve écrite facultative de langue étrangère.	4 heures.	Traduction (thème et version) + composition écrite dans la langue choisie relative à une question d'actualité et de société se rapportant au pays concerné et évoquée dans le texte à traduire.	Textes tirés de la presse quotidienne ou périodique française et anglophone traitant d'un même sujet.	6	Les langues admises sont l'allemand, l'anglais, l'espagnol, l'italien.
Concours d'entrée à l'École des Officiers de la Gendarmerie nationale (fonctionnaires catégorie A / officiers de carrière de gendarmerie universitaire).	Épreuve orale obligatoire de langue étrangère.	30 minutes.	30 minutes : commentaire + traduction suivi d'un court entretien avec les membres du jury.	Texte tiré de la presse quotidienne ou périodique	4	Les langues admises sont l'allemand, l'anglais, l'espagnol, l'italien. La langue doit être obligatoirement différente de celle éventuellement choisie à la quatrième épreuve d'admissibilité.
http://www.recrutement.gendarmerie.defense.gouv.fr/media/files/programme_de_ces_concours						

Première partie

Conseils pratiques
(pour les trois concours)

The Times, June 6, 2006

I
Un entraînement de longue haleine

Il est possible de comparer la préparation à l'épreuve orale d'anglais à une course de fond, plutôt qu'à un sprint sur cent mètres. En effet, bien se préparer nécessite de s'y mettre le plus tôt possible, bien avant les écrits. Pour cela, il faut impérativement se plonger dans un bain linguistique le plus souvent possible ; tout doit être en anglais !

- Commencez par voir le maximum de films en version originale que ce soit au cinéma ou chez vous grâce aux DVD qui permettent de visionner les programmes dans la langue choisie. Pour ceux qui ne se sentent pas prêts à voir tout un film en anglais, programmez une première projection en français, puis une seconde en anglais avec les sous-titres en version originale, ce qui vous permettra de noter un certain nombre d'expressions déjà comprises dans la langue maternelle.
- N'oubliez pas toutes les séries anglaises ou américaines, car nombreuses sont celles qui portent sur la justice ou la police tels que *Boston Legal, CSI, Law and Order, The Practice, Close to Home, The Good Wife*… pour n'en nommer que quelques-unes qu'il est possible de voir (parfois en VO) sur les chaînes de la TNT ou en ligne.

Même s'il s'agit d'une épreuve orale, il ne faut surtout pas négliger les formes écrites comme source d'apprentissage de vocabulaire et de tournures idiomatiques. Il existe toute une série de livres de poches disponibles à l'achat en ligne ou en librairie. Nous pouvons citer les collections suivantes : « Langues Pour Tous », « Édition bilingue français-anglais ».

Toutes ont le mérite de proposer aux lecteurs qui le souhaitent le texte original et sa traduction avec du vocabulaire explicatif et des expressions en contexte. Certains peuvent aussi se lancer dans la lecture des trois premiers tomes de *Harry Potter* qui sont très accessibles à des non-spécialistes.

De plus, il faut rajouter à cela la consultation régulière de magazines ou journaux, que l'on peut classer en différentes catégories :

- Magazines pour débutants. Ils présentent des textes courts et présélectionnés pour lesquels le vocabulaire a déjà été cherché et traduit du style *Vocable* ou *Today in English*. Des étudiants de niveau bac+4 ou +5 trouveront le contenu peut-être un peu « puéril », mais pour ceux qui n'ont pas pratiqué la langue depuis plusieurs années,

c'est un bon début qui a le mérite de permettre d'aborder des sujets de société et d'actualité.

- Magazines plus littéraires tels que *Time* (États-Unis), *Newsweek* (États-Unis) ou *The Economist* (Grande-Bretagne) dans la mesure où vous ne pouvez pas vous limiter à des textes didactisés. Il faut ensuite se lancer dans la lecture régulière de ce genre d'articles plus authentiques. Pour cela, il faut sélectionner soi-même, et ce chaque semaine, un article assez court (environ 400 mots) tiré de ce type de presse afin de l'étudier de manière approfondie comme le jour de l'oral.
- Quotidiens en ligne (voir les adresses des sites dans la bibliographie). En dernier lieu, il est maintenant facile de disposer d'un accès Internet qui permet la consultation en ligne d'un certain nombre de quotidiens britanniques tels que *The Guardian, The Times* (en particulier la rubrique juridique, accès payant) et *The Independent* (notamment sa *« legal section »* qui propose des articles de nature para-juridique très intéressants), ou américains, tels que *The New York Times* et *The Washington Post* ainsi que *The International Herald Tribune* édité en Europe pour ne citer que les plus connus.
- Il ne faut pas non plus oublier la presse française car des articles du *Monde* sont traduits dans *The Guardian Weekly*. Il existe également *The Connexion – French News in English* (car le journal *Le Monde* a cessé de publier chaque week-end des articles du *New York Times* !).

Les candidats doivent en permanence être à l'affût des sujets d'actualité dans le monde, en portant une attention toute particulière aux problèmes judiciaires et législatifs, dont ils peuvent par ailleurs entendre parler sur les ondes françaises. Il est alors toujours intéressant d'aller voir ce qui en est dit dans la presse anglo-saxonne. Par conséquent, on ne saurait que trop conseiller à ceux qui préparent l'oral d'anglais de se connecter régulièrement aux sites d'information en langue étrangère. On peut citer les suivants :

- *BBC News*, rubrique *« Video and Audio »*.
- *Skynews*, rubrique *« Video »*. L'avantage ici est que la durée de chaque extrait est mentionnée, permettant aux candidats de choisir des reportages plus ou moins longs.
- *CNN Video*. Une rubrique particulièrement intéressante est celle diffusée en 2008 et 2009 et intitulée *« The Last Word »* où la présentatrice, Jami Floyd, revient sur l'actualité juridique des États-Unis lors de reportages très courts, rarement plus d'une minute trente. Le débit est certes rapide, mais avec un peu d'entraînement, on s'y habitue et le vocabulaire juridique employé ici est celui à connaître pour l'oral.
- *France 24* et *Euronews*. Ces sites présentent l'avantage considérable de pouvoir être consultés dans différentes langues, ce qui permet de passer du français à l'anglais par exemple afin de confronter les versions. De plus, sur *Euronews*, chaque reportage est accompagné du script de la voix-off du journaliste. Ainsi, il est possible d'écouter la vidéo dans un premier temps, puis de vérifier si ce qui a été compris correspond au contenu réel de l'extrait visionné.

II
Révisions et conseils de vocabulaire

En écoutant les étudiants avec lesquels nous avons travaillé depuis un certain nombre d'années, le constat est simple : un grand nombre d'entre eux ont beaucoup de choses à dire sur un texte de presse dont ils comprennent le message général, mais ils manquent cruellement de vocabulaire pour exprimer leurs idées, d'où l'absolue nécessité d'enrichir son vocabulaire par tous les moyens. Voici quelques conseils pour atteindre cet objectif :

- Lire en anglais chaque fois que l'occasion se présente, tout au long de sa scolarité et de ses études en adaptant ses lectures à son niveau de maîtrise linguistique.
- À chaque lecture, établir une fiche de vocabulaire ou une liste de termes nouveaux qu'il faut réviser très régulièrement afin de savoir les mobiliser le jour J.
- Noter et apprendre ces expressions en contexte pour qu'elles soient plus faciles à retenir ;
  - un nom sera mieux retenu si l'on sait avec quel verbe on peut l'employer ;
  - un verbe n'est pas très utile si l'on ne connaît pas son fonctionnement grammatical (transitif direct ou indirect, intransitif, verbe à particule) ni avec quels mots (compléments) on l'associe le plus souvent ;
  - un adjectif sera mieux retenu avec le nom avec lequel on l'associe ;
  - un adverbe avec le verbe.
- Afin de mémoriser plus facilement des listes de vocabulaire, le petit « truc » est de les classer par groupe de dix et de mémoriser un groupe par jour (dix mots ou expressions) tout en révisant les sept groupes en fin de semaine (soit soixante-dix mots ou expressions), et ainsi de suite.

Étant donné que les concours auxquels nous nous intéressons ici gravitent autour des professions judiciaires, il semble logique d'axer l'apprentissage linguistique tout particulièrement sur le vocabulaire de la police, de la justice et des systèmes institutionnels. Il ne faut cependant pas négliger l'anglais courant, celui de la vie quotidienne, qui permet d'établir et de maintenir une conversation avec n'importe quel interlocuteur, y compris les membres du jury le jour de l'épreuve. L'ouvrage *Le Mot et l'idée 1&2* aux éditions Ophrys permet de réviser cette sorte de vocabulaire. C'est pourquoi les efforts pour élargir ses connaissances lexicales doivent porter sur ces deux volets à la fois. Il est donc conseillé d'assimiler des mots toujours dans leur contexte portant sur les thématiques suivantes citées dans *Le Vocabulaire de l'anglais* (collection Hachette Supérieur) :

- *Crime and punishment* / crime et châtiment
- *Political life* / la vie politique

– *British institutions* / institutions britanniques
– *American institutions* / institutions américaines
– *Social structures* / les structures sociales
– *Danger and safety* / le danger et la sécurité
– *Leisure* / les loisirs
– *Economy* / l'économie
– *International relations* / les relations internationales
– *Quantity* / la quantité

Pour approfondir le vocabulaire anglais du droit, il existe plusieurs types d'ouvrages en fonction de vos besoins :

- Des dictionnaires bilingues tels que le *Dictionnaire juridique* (Dalloz) ou le *Dictionnaire de l'anglais juridique* (Langues Pour Tous). Ils sont très complets, donnant régulièrement des informations culturelles ou juridiques sur les termes traduits. Cependant, ils ne présentent pas les termes dans leur contexte, ce qui rend l'apprentissage plus difficile.
- Des lexiques d'anglais juridique très bien conçus, qui classent les mots ou expressions en fonction du type de droit (procédures, droit constitutionnel, droit des contrats, droit commercial…), comme *Les mots-clés du droit (*Bréal*)*, dont l'édition la plus récente date à ce jour de 2007.

La tâche est certes vaste, mais à la portée de tous ceux qui sont prêts à fournir un travail constant, régulier et adapté à leur niveau. Vous trouverez en annexe n° 1 un glossaire anglais-français pour commencer votre apprentissage.

De plus, lors de l'oral, un certain nombre de mots-clés, de mots-outils et de mots de liaison sont à connaître par cœur pour pouvoir les mobiliser instantanément sans forcément avoir à les réécrire sur le brouillon pendant le temps de préparation. Vous les trouverez dans le tableau qui suit.

TABLEAU RÉCAPITULATIF DES EXPRESSIONS UTILES POUR L'EXPOSÉ ORAL

A – PHRASE D'ATTAQUE

La première phrase est très importante, car elle permet d'emblée d'attirer l'attention des examinateurs. Il peut s'agir d'une citation, d'une référence à un ouvrage ou à un film, voire d'un extrait d'une phrase clé du texte. Vous pouvez donc commencer ainsi :

It is often said / asserted that... = On dit bien souvent que…
It is a truth universally acknowledged that... = Tout le monde s'accorde à dire que…
It is undeniable true that... = Il est indéniable que…
It is a well-known fact that... = Tout le monde sait que…

B – INTRODUCTION DU TEXTE

Pour présenter la nature du document, vous disposez des expressions suivantes :

This document is a newspaper article... / This document is a magazine article... / This document is a press article...

Pour introduire la source de l'article, sa date de parution et le nom du journaliste, vous pouvez le dire de cette manière :

This article is taken from the British newspaper / the American magazine / the weekly / the daily...
It was written by [name of the journalist] in... [month] ou ***on [precise date]...***

Enfin, afin d'introduire le thème abordé par le journaliste, vous avez le choix entre différentes formulations :

This article deals with... / This press cutting is about... / This text tackles the issue or the topic of...

C – ANNONCE DU PLAN

Une fois l'introduction terminée, il vous faudra annoncer le plan que vous allez suivre durant votre exposé. Vous pouvez le formuler ainsi :

I will first sum up the text and then comment on it.

Let us first summarize / examine this press cutting before commenting on its key aspect(s).
I will first study / examine the issue of... before analyzing...
Before going into the issue of..., I wish first to summarize the main ideas of the article.

D – COMPTE-RENDU

Il est essentiel que votre compte-rendu soit présenté de manière structurée, ce qui passe par l'emploi de mots de liaison appropriés :

- En premier lieu = ***to begin with / to start with / at the beginning / firstly / first of all...***
- Ensuite = ***then / next / afterwards / later on / after that...***
- Enfin, en dernier lieu = ***eventually / finally / at last / lastly / in the end / last but not least / to crown it all.***

En outre, afin d'éviter de simplement paraphraser le texte en le relisant, il est important d'introduire les arguments ou les idées développés par le journaliste ou l'auteur. Les verbes « *think* » et « *say* » sont à proscrire. Pour cela, il est conseillé d'utiliser des amorces telles que :

- ***The author explains that...*** *(expliquer)* / ***goes on explaining that...*** *(continuer en expliquant que)*
- ***The journalist remarks... / notices.../ indicates... / points out...*** *(faire remarquer)*
- ***The journalist makes a telling point...*** *(faire une remarque importante)*
- ***The journalist examines...*** *(examiner)*
- ***The journalist highlights the fact that... / underlines the fact that... / insists on the fact that...*** *(souligner, insister sur)*
- ***The author describes... / pinpoints...*** *(décrire, mettre le doigt sur)*
- ***The author focuses on...*** *(concentrer son attention sur)*
- ***The author emphasizes... / lays the emphasis on...*** *(mettre l'accent sur, insister sur)*
- ***The journalist wonders if / whether...*** *(se demander si)*
- ***The journalist refers to / alludes to...*** *(faire référence à)*
- ***The author criticizes...*** *(critiquer)* / ***takes sides with...*** *(prendre parti pour)*
- ***The author claims / maintains that...*** *(soutenir)*
- ***The journalist asserts / states that...*** *(affirmer)*
- ***The author dwells on...*** *(s'étendre sur)*
- ***The journalist remains (im)partial / (un)biased*** *(partial / impartial)*
- ***The author gets to the point very quickly*** *(en venir rapidement à l'essentiel)*

E – TRANSITION

Vous devez garder à l'esprit que votre exposé est uniquement fait à l'oral. Il faut donc constamment guider les membres du jury en jalonnant votre présentation de repères, comme des transitions indiquant le passage du compte rendu au commentaire. Vous pouvez, par exemple, dire :
So much for the summary; I will now turn to my commentary.
Having analysed / summed up the main aspects of this article, I will now try to comment on it.

F – COMMENTAIRE

La première chose à annoncer est le(s) thème(s) choisi(s) pour votre commentaire qui va constituer le fil rouge de la deuxième partie de votre exposé. Pour cela, vous avez le choix entre différentes formulations :

- ***I would like to focus on...***

• *I am interested in tackling the issue of… which stands out in this article.*
• *The topic of… seems to be of particular interest.*
• *The issue of… seems to be worth commenting on.*
• *This article is interesting in that it illustrates the issue of…*

Les mots de liaison déjà évoqués dans le compte-rendu sont bien entendu à réutiliser lors du commentaire, tout en ajoutant d'autres termes permettant d'organiser vos arguments selon votre propre logique.
Si votre logique est accumulative :
Besides / in addition / moreover / furthermore / on top of that…

Si votre logique est contrastive :
On the one hand… on the other hand
On the reverse / on the opposite
Whereas / while

Si votre logique est concessive :
In spite of + noun / despite + noun
Although + subject + verb
However / nevertheless / still / and yet / but

Si votre logique est explicative :
Actually / indeed / as a matter of fact / by the way / in fact…

Il va sans dire que vos arguments peuvent relever de différentes logiques permettant d'employer des mots de liaison pris dans toutes ces catégories.
Si vous souhaitez introduire d'autres exemples, les expressions suivantes sont à retenir :
for example / for instance / by way of illustration / to take another example / as the journalist remarks… / as the newspaper reminds its readers… / as the journalist of the magazine puts it…

Voici quelques amorces de phrases pour présenter vos arguments dans la partie commentaire :
• *No one can deny the fact that… / One cannot deny the fact that…* (Personne ne peut nier le fait que…)
• *Few will argue with the principle that…* (On ne saurait remettre en question l'idée que…)
• *The most important thing is to…* (Le plus important est de…)
• *The most important aspect of… is…* (L'aspect le plus important de… est…)
• *A key question raised by the journalist is…* (Une question clé soulevée par le journaliste consiste à…)
• *It would be impossible to exaggerate the importance of…* (On ne saurait exagérer l'importance de…)
• *It should be stressed that…* (Il faut souligner que…)
• *One should bear in mind that…* (Il faut garder à l'esprit que…)
• *We might wonder whether…* (On pourrait se demander si…)

G – CONCLUSION

La conclusion doit être perceptible à l'oral en commençant par des expressions du style de *to conclude / as a conclusion.*
Vous êtez aussi invité à formuler votre opinion en utilisant des tournures telles que :
• *As far as I'm concerned, …*

- *To my mind / In my opinion / For my part / In my view*
- *I think / I believe / I feel / It seems to me that...*
- *Personally / Speaking personally,...*
- *My personal opinion / My own view is that...*
- *I agree with / I go along with / I disagree with / I do not go along with...*

Néanmoins, des listes de mots sont bien inutiles si l'on ne sait pas les employer à bon escient.

III
Révisions grammaticales

En effet, rien ne sert de posséder un vocabulaire immense, si vous ne l'employez pas correctement. Il est donc crucial de savoir construire des phrases simples et complexes tout en maîtrisant les principes fondamentaux de la grammaire anglaise pour que le message que vous souhaitez faire passer le jour de l'oral soit le plus compréhensible et le plus correct possible. Pour cela, il faut commencer vos révisions grammaticales dès le départ si nécessaire, pour avoir le temps de passer en revue progressivement, et à votre rythme, tous les points qui vous semblent encore obscurs. Généralement, les grammaires anglaises sont découpées en trois chapitres : le groupe nominal, le groupe verbal et la phrase simple et complexe. Il est indiqué en bibliographie une liste non exhaustive de manuels avec lesquels vous pouvez travailler en totale autonomie en fonction de vos besoins et de votre niveau.

Afin de vous guider dans vos révisions, il est utile de rappeler ici le type d'erreurs régulièrement commises par les candidats et qui figurent dans les rapports de jury tels ceux publiés chaque année pour le concours de l'ENM.

Tableau récapitulatif des erreurs grammaticales courantes

	Erreurs types commises	Formes corrigées	Explications/ conseils de révision
Groupe nominal	The Supreme Court ruled that… She* was criticized for the ruling.	The Supreme Court ruled that… *It* was criticized for the ruling ou *they* were criticized for the ruling.	Les institutions sont considérées comme des noms neutres dont le pronom de reprise est « *it* » ou « *they* ».
	advices*, informations*, damages, evidences*…	advice / a piece of advice / much advice information/ a piece of information/ much information damage / much damage evidence / a piece of evidence / much evidence	Les termes sont des indénombrables que l'on ne peut pas mettre au pluriel en rajoutant un « s » à la fin. Il faut passer par l'expression « *a piece of* » ou « *pieces of* ». « *Damages* » signifie dommages-intérêts et non plus dommage, dégâts.
	Mans*, womans*, childs*, halfs*, ourself*, foots*, mouses*…	Men, women, children, halves, ourselves, feet, mice…	Revoir absolument les pluriels irréguliers et les apprendre par cœur.
	the North Korea*, the Prince Charles*, the president Obama*…	North Korea, Prince Charles, President Obama…	Il n'y a pas de déterminant devant les noms de pays sauf pour *the USA*, *the Netherlands*, *the U.K.*. Pas de déterminant non plus devant le titre d'une personne suivi de son nom.
	This laws* / these power*…	These laws, this power	Le(s) démonstratif(s) *this / these* (mais aussi *that / those*) s'accordent avec le nom qu'ils déterminent.
	There are several police officer* in the streets today.	There are several police officers in the streets today.	*Several* est suivi d'un nom au pluriel car il sert à s'opposer à one (un seul).
	The Union European*, the police car red*, the differents courts*…	The European Union, the red police car, the different courts…	Les adjectifs épithètes anglais se placent avant le nom et sont invariables (pas d'accord avec le nom pluriel).
Groupe nominal	The new legislation who* provides that smoking is banned in all public places…	The new legislation which provides….	Le pronom relatif « *which* » s'emploie lorsque l'antécédent (le mot qui précède le pronom) est inanimé. Gardez « *who* » pour les antécédents animés.
	Every* people	Everyone/ everybody/ every individual…	« *Every* » est obligatoirement suivi d'un dénombrable singulier. « *People* » voulant dire « gens » est un nom collectif pluriel.

	Erreurs types commises	Formes corrigées	Explications/ conseils de révision
Groupe verbal	The police was* the first to arrive at the crime scene.	The police were the first to arrive at the crime scene.	Accord entre le sujet (ici pluriel car police est un nom collectif) et le verbe au prétérit.
	That robbery take* place yesterday.	That robbery took place yesterday.	La présence de marqueurs de temps du passé (*yesterday*, *last month*, *three days ago*, *last year*, *in 1993*) entraîne l'emploi obligatoire du prétérit.
	He lives* in Washington D.C. for five weeks now.	He has been living in Washington D.C. for five weeks now.	L'action « *live in Washington D.C.* » a commencé à un moment du passé (il y a cinq semaines) et dure encore actuellement, d'où l'emploi du *present perfect* « *be+ – ing* ».
	They not see* the sea from their flat.	They do not see the sea from their flat.	La forme négative du présent simple est l'auxilliaire « *do not* » suivi de la base verbale du verbe. Au prétérit, on emploie « *did not* » toujours suivi de la base verbale (« *see* »).
	She must to* go, they may to* drive faster…	She must go, they may drive faster	Tous les modaux (« *may / might, must / ought to, can / could, shall / should, will / would* ») sont construits avec la base verbale du verbe (ici « *go* » ou « *drive* »).
Groupe verbal	To look to* someone, to pay* something, to wait* someone, to listen* something, to obey to* someone, to answer to* someone, to be interested by*, to escape to*, to be close from*…	To look at (regarder), to look for (chercher), to pay for something, to wait for someone, to listen to something, to obey someone, to answer someone, to be interested in, to escape from, to be close to…	Il faut impérativement apprendre le verbe anglais avec la manière dont il se construit avec telle ou telle préposition.
Phrase simple / complexe	He was sentence* to jail for the murder of his wife.	He was sentenced to jail for the murder of his wife.	Le passif anglais se forme en employant l'auxilliaire « *be* » au temps qui convient (ici le prétérit) suivi du participe passé du verbe sans oublier le « *– ed* » final pour les verbes réguliers.

Face à un tel constat, il nous semble que l'essentiel est de passer à la pratique le plus vite possible en s'entraînant sur les textes. C'est pourquoi vous trouverez, pour chaque concours, une série de textes de presse portant sur des questions d'actualité afin de vous entraîner ainsi que des corrigés agrémentés de tournures idiomatiques à apprendre et mobiliser à votre tour.

IV
Prise de parole et savoir-être

Même si les examinateurs ou les membres du jury en face de vous le jour J n'attendent pas que vous maîtrisiez la langue anglaise comme des anglophones, un certain degré de maîtrise des sons est indispensable pour rendre le message clair, compréhensible et le plus authentique possible. Pour cela, le premier des conseils est de vous enregistrer à l'oral lorsque vous vous entraînez à lire un texte de presse à haute voix. Si vous ne connaissez pas la prononciation de certains termes, vous pouvez soit consulter la transcription phonétique du dictionnaire[1], soit aller consulter des sites Internet tels que *AT&T Text-to-Speech* (http://www.research.att.com/~ttsweb/tts/demo.php), sur lequel vous pourrez taper le ou les mots, voire un texte entier, et écouter sa lecture en choisissant le type d'accent désiré (américain, britannique…). En effet, des listes de mots appris consciencieusement sont bien dérisoires si l'on ne sait pas les prononcer correctement. Il est donc indispensable d'avoir à l'esprit quelques règles de prononciation pour vous faire comprendre des membres du jury. Le tableau ci-dessous vous rappelle rapidement des exemples concrets de règles de phonétique à appliquer.

Exemples	Règles éventuelles
	Lettres écrites que l'on ne prononce pas :
know, knowledge, knife	k
psychology	p
whole, who, which	w (mais on le prononce dans *what* et *which*)
guest, guardian	u
bomb, tomb, climb	b final
would, could, should, walk, talk, half	l (mais il est prononcé dans *hold, shoulder, cold, salt…*)
Westminster	le t pris entre un s et une autre consonne

1 Voir *Annexe n° 7 : tableau des principaux signes de l'alphabet phonétique.*

Exemples	Règles éventuelles
consti**tu**tion, imagi**na**tion, expla**na**tion, o**pi**nion	**Suffixes qui attirent l'accent tonique :** avec le suffixe *-ion*, l'accent se place sur la syllabe juste avant le suffixe.
ac**ti**vity, uni**ver**sity, eco**no**mic, re**pu**blican, philo**so**phical	Les finales *-ity, -ic, -ical* et *-ican* attirent également l'accent juste avant elles, à l'exception de **po**litics, **ca**tholic
sobbed, loved, called, sighed = [d]	**Prononciation du -ed de prétérit ou de participe passé :** [d] après les consonnes sonores [b, g, v, l, m, n, z, dz] et les voyelles
stopped, laughed, missed = [t]	[t] après les consonnes sourdes [p, k, t, f, s, tʃ]
mended, visited = [Id]	[Id] s'il y a déjà [d] ou [t]

Pour vous entraîner à bien prononcer tous ces sons et à reconnaître les symboles, vous trouverez sur le site de *BBC Learning English* toute une série de vidéos très courtes qui montrent comment tel ou tel son se prononce et à quel symbole phonétique il correspond :

http://www.bbc.co.uk/worldservice/learningenglish/grammar/pron/sounds/

Vous pourrez ensuite travailler avec plus d'autonomie pour déchiffrer la transcription phonétique des mots trouvés dans le dictionnaire.

Des candidats motivés, ouverts et responsables seront particulièrement appréciés par le jury. Vous allez devoir vous exprimer devant plusieurs personnes, en l'occurrence deux. Il s'agit en général d'un anglophone (d'où importance de s'habituer à différents types d'accents, dont l'accent américain, afin de ne pas être dérouté lors de l'oral d'anglais) et d'un francophone ; ainsi, l'un peut se concentrer davantage sur la forme et l'autre sur le contenu de votre prestation. Ils vont vous écouter, il va donc falloir capter leur attention, les intéresser.

Le jury sera sensible à une bonne compréhension et à un compte-rendu aussi fidèle que possible des faits, des idées et des problèmes évoqués par l'article de presse, ainsi qu'à la maîtrise du vocabulaire et des concepts juridiques clés, de même qu'à une bonne connaissance des spécificités culturelles des pays de langue anglaise. L'échange qui suit le compte-rendu du texte permet aux membres du jury de vous faire préciser, nuancer, approfondir vos propos.

Mais au-delà de votre compte-rendu de texte, du contrôle et de l'évaluation de vos qualités de compréhension écrite et d'expression orale de la langue anglaise, vous serez invité à engager avec le jury un dialogue, un échange constructif. Cet échange permettra au jury d'apprécier vos capacités de communication mais aussi de vérifier votre ouverture d'esprit, votre sociabilité ainsi que votre authenticité et votre spontanéité – en un mot votre personnalité, d'où l'importance de rester vous-même tout au long de votre présentation.

La communication et le relationnel étant à l'honneur dans les concours d'accès aux professions juridiques et judiciaires, les quelques conseils suivants visent à améliorer vos compétences dans ces domaines.

- Petit rappel, la veille de l'épreuve :
  – Évitez la prise de somnifères, de stimulants ou d'excitants.
  – Préparez une tenue vestimentaire correcte, de préférence un costume-cravate pour les hommes, un tailleur pour les femmes, mais l'essentiel est d'être à l'aise dans vos vêtements.
- Avant d'entrer dans la salle d'examen :
  – Détendez-vous par un travail de respiration abdominale : inspirez bien puis expirez profondément plusieurs fois pour relâcher la pression.
- En matière de présentation (la première impression du jury est très importante) :
  – Rasage de près pour les hommes, maquillage discret pour les femmes.
  – Pas de tenue excentrique ; optez pour une tenue sobre.
  – N'ayez pas l'air (trop) fatigué(e).
- En matière de comportement, pendant votre passage devant le jury : dans tous les cas, gardez votre calme.

Le savoir-être est, à ce moment-là, aussi important que la maîtrise de la langue, et voici donc quelques conseils applicables à n'importe quel oral, y compris celui d'anglais. Il est important de faire en sorte que la prise de parole soit la plus authentique possible, tout en anglais, et ce dès l'entrée dans la salle d'examen.

Déroulement de l'épreuve

- Exprimez-vous en anglais dès l'entrée en salle d'examen. Cela passe par l'emploi de formules de politesse en anglais pour saluer les membres du jury : « *Good morning / Good afternoon* ».
- Évitez d'utiliser des formules qui laisseraient entendre que vous vous excusez presque d'être là. Ne vous précipitez pas pour vous asseoir, mais attendez que les examinateurs vous y invitent (en anglais sûrement : *« you may sit down »* ou *« please have a seat »*).
- Ensuite, prenez le temps de vous installer et de regarder (tous) les membres du jury. Essayez de fixer une personne chaque fois différente lors de vos réponses aux questions.
- Prenez une attitude d'ouverture et contrôlez vos gestes : ne croisez ni les bras, ni les jambes. Évitez également tous les gestes de nervosité tels que balancement de la jambe, manipulation permanente d'un stylo ; tenez-vous bien droit(e) sur votre chaise.
- Évitez les tics de langage (par exemple la répétition de *« you know »* ou *« actually »*) et les hésitations trop nombreuses.
- Surveillez votre registre de langue : éviter les expressions trop familières comme *« I'm gonna »* au lieu de *« I am going to »*.
- Respectez les structures grammaticales.

- Évitez de regarder vos notes tout le temps et encore moins de les lire, car vous risqueriez de parler trop vite.
- Pensez à bien articuler et à parler suffisamment fort pour que tous puissent vous entendre distinctement. Pensez également à maîtriser votre élocution, votre débit de parole – ni trop lent ni saccadé – ainsi que l'intonation de votre voix (pas de ton trop monotone).
- Occupez votre temps de parole, tout en n'ayant pas peur de ménager des silences ou des pauses avant de changer d'argument ou de répondre à une question.
- Écoutez attentivement les questions afin de pouvoir apporter une réponse précise et détaillée. Prenez quelques secondes pour réfléchir à la question posée et à la réponse que vous allez donner. Sachez écouter le jury et ne pas l'interrompre de manière inopportune.
- Ayez une attitude positive : montrez un certain entrain, paraissez motivé, répétez-vous aussi que vous allez réussir. Aussi ne pensez pas aux résultats du concours mais à la prestation que vous effectuez.
- Souriez : un candidat affable sera toujours davantage apprécié qu'une personne taciturne ou même renfrognée.
- Concluez franchement et clairement votre compte-rendu (et votre commentaire) de texte car rien n'est plus désagréable que de ne pas savoir si un candidat a terminé ou non.
- Ayez confiance en vous – ou donnez l'impression que vous avez confiance en vous, sans être pour autant arrogant ou péremptoire.
- N'hésitez pas à demander que le jury reformule la question si vous ne l'avez pas comprise, avec des expressions telles que : « *Could you repeat the question, please?* ».
- Ne fuyez pas les questions du jury, mais au contraire, faites preuve de bonne volonté et de dynamisme dans la recherche d'éléments de réponse.
- N'ayez pas peur de vous reprendre : votre capacité à vous auto-corriger permet en effet au jury de distinguer les erreurs commises par ignorance de celles dues à l'émotion ou encore à l'étourderie.
- Soyez vous-même en tâchant de rester le plus naturel possible ; rien n'est plus important.

En définitive, faites en sorte que votre prestation se distingue pas sa clarté, sa précision et sa rigueur, d'autant plus que l'épreuve d'anglais s'inscrit dans un concours pour des étudiants en droit. Aussi, n'hésitez pas à faire référence aux traités et conventions internationaux, aux textes de lois, mais aussi, plus largement, à mettre en œuvre vos qualités de juristes, telles que vos capacités d'analyse et de synthèse. Il est donc nécessaire de se bâtir une solide méthodologie lors de vos différents entraînements d'étude d'articles de presse. Voici quelques conseils qui pourraient vous fournir des pistes de travail.

V
L'acquisition d'une méthode

La méthode proposée dans cet ouvrage pour aborder n'importe quel texte lors de l'épreuve orale d'anglais aux concours en question n'est qu'une suggestion, le mieux étant que chacun parvienne à se forger une méthode personnelle d'analyse de texte en adaptant ces conseils à ses propres besoins. Ainsi, le brouillon type, que vous trouverez pour chaque concours où un temps de préparation est prévu, a été conçu pour vous permettre de gagner du temps le jour de la préparation de l'épreuve. Ce n'est, en aucun cas, un carcan absolu à appliquer à la lettre sans réfléchir. L'expérience et les témoignages des étudiants que nous avons nous-mêmes formés et encadrés l'année précédant les concours nous ont appris que la gestion du temps de préparation est l'un des obstacles majeurs auxquels les candidats sont parfois insuffisamment confrontés avant l'épreuve réelle.

Par exemple, sachez que, le jour J, vous n'avez normalement pas le droit d'écrire sur le texte de support. Or il est parfois intéressant, voire essentiel, de citer une partie du texte, en particulier lorsqu'il s'agit d'en faire un compte-rendu. C'est pourquoi il est souhaitable d'apporter, pour l'oral, une pochette en plastique transparent dans laquelle vous insérez votre texte de manière à l'annoter ou à le souligner à votre guise ; puis, à la fin de l'épreuve, vous l'ôtez de la pochette plastique et le rendez intact aux examinateurs.

La gestion du temps

Pour être sûr de bien gérer non seulement le temps de préparation, mais aussi celui de passage, il est impératif de s'entraîner de façon régulière. Il arrive fréquemment qu'un candidat parfaitement à l'aise en anglais ne réussisse pas cette épreuve, tout simplement parce qu'il ne sait pas gérer le temps qui lui est imparti. Seul l'entraînement dans les conditions du concours permettra d'éviter cet écueil. Voici, pour une épreuve comportant quinze minutes de préparation, une suggestion de répartition des différentes tâches :

- **Cinq minutes :** lecture attentive du texte support. Vous devez prendre le temps de vous en imprégner afin d'en comprendre les idées principales et de repérer les références historiques ou culturelles. Trop d'étudiants se jettent sur leur brouillon dès les premières secondes de ce temps de préparation, ce qui les conduit très souvent à commettre de graves contresens sur le texte. Ces quelques minutes passées à étudier le document de près ne seront certainement pas perdues, bien au contraire. Vous maîtriserez ainsi beaucoup mieux le texte au moment de passer devant le jury.

- **Trois minutes :** préparation du compte-rendu. Si vous avez réellement pris le temps de lire et comprendre le texte, cette étape doit aller très vite, d'autant que, comme nous allons le voir, il est impératif de limiter vos notes dans la mesure où les informations essentielles se trouvent dans le document support. Inutile, par exemple, de recopier un passage du texte que vous souhaitez citer dans votre présentation ; ce n'est qu'une perte de temps. À mi-parcours de votre temps de préparation, vous devez commencer à réfléchir à votre commentaire qui va vous demander davantage de réflexion.
- **Sept minutes :** préparation du commentaire. Votre lecture approfondie du texte a dû d'ores et déjà susciter des réactions, qui serviront de point de départ à l'élaboration de ce commentaire.

Quelques conseils et explications sur la prise de notes et la gestion du brouillon

Qui dit brouillon dit notes, ce que trop de candidats semblent oublier. Beaucoup rédigent en grande partie leur brouillon tout simplement parce que cela les rassure. Ils considèrent leurs notes comme une bouée de sauvetage à laquelle se raccrocher en cas de panique devant le jury. Mais c'est un leurre et une telle stratégie est doublement dangereuse.

C'est, d'une part, une perte de temps au moment de la préparation. Or, chaque minute compte, surtout pour les candidats qui n'ont que quinze minutes. D'autre part, ceux qui se présentent face au jury munis d'un brouillon trop rédigé ont la fâcheuse tendance à lire leurs notes, ce qui les conduit à parler très vite et à ne jamais ou presque lever les yeux pour affronter le jury. Soyez conscients qu'une telle attitude ne pourra que vous faire perdre des points précieux. Vous passez une épreuve orale de conversation, non un entraînement à la lecture.

Par conséquent, votre brouillon doit uniquement comporter les idées principales de votre présentation, sous forme de notes, c'est-à-dire organisées à l'aide de tirets, par exemple. Il est parfaitement inutile de rédiger entièrement l'introduction, tout comme les annonces de plan et les transitions, indispensables, nous vous le rappelons. Ces phrases, formées sur le même modèle quel que soit le texte, doivent être sues par cœur et improvisées le jour J. En effet, recopier sur son brouillon des données permettant de présenter le document, comme le titre, le nom de l'auteur, la date ou la source, ne sert à rien. Toutes ces informations figurent sur le texte que vous aurez entre les mains au moment de prendre la parole.

C'est pourquoi vous trouverez pour chaque type d'épreuve comportant une analyse de texte différents supports de correction : les deux premiers seront entièrement rédigés pour vous permettre d'apprendre des expressions entières ou des tournures de phrases idiomatiques repérables en gras, mais ce n'est en aucun cas la méthode à adopter pour l'oral ; le dernier sera présenté sous forme de notes comme nous vous conseillons de procéder le jour J.

Avant de passer très concrètement aux modalités d'épreuve des différents concours, nous pensons qu'il est indispensable de faire un bref rappel des données culturelles et juridiques incontournables des États-Unis, de l'Angleterre et du pays de Galles. En effet, vous risquez de rencontrer ces informations sous une forme ou une autre dans l'article de presse récent qu'auront choisi les examinateurs pour évaluer non seulement votre niveau linguistique, mais aussi vos connaissances des pays anglophones.

Deuxième partie

Fondamentaux

Bâtiment de la Cour suprême américaine
à Washington D. C.

Statue dominant la plus importante
juridiction pénale de Londres, Old Bailey.

Pour éviter tout contresens lors de la lecture d'un texte et être capable de répondre à une question de culture générale, vous devez posséder des connaissances solides et précises dans plusieurs domaines, tels que l'organisation juridictionnelle et les professions juridiques des États-Unis, de l'Angleterre et du pays de Galles. Vous trouverez dans les pages suivantes une présentation nécessairement simplifiée de ces points, mais qui vous permettra de comprendre quelle juridiction un journaliste mentionne et de savoir, par exemple, s'il s'agit d'un tribunal fédéral ou étatique, si les faits se déroulent sur le territoire américain ou britannique, et si le litige relève du droit civil ou pénal.

I. The United States

A. The system of courts

The American court system is dual as it consists of state courts and federal courts. In theory, state and federal courts are complementary. In practice, differences are sometimes less clear-cut. First of all, the presentation will thus focus on the state court system before turning to the federal courts.

1. The state court system

Pursuant to federalism, each American state has its own system of courts. This may lead to a great variety of systems, but it turns out that each and every one of them refers to the American Constitution so that one court structure stands out in particular. The hierarchy of state courts is reminiscent of the federal three-tier structure. State courts hear a wide range of cases within the limits imposed by the American Constitution or by the constitution of the state involved and its laws.

Let us take the example of the state of California which has a three-tier court system:

- The Superior Courts divided into two levels until 1998:
  – The lower courts called Municipal Courts;
  – The courts of general jurisdiction called Superior Courts.
- The Courts of Appeal.
- The Supreme Court of California.

The first tier of the courts with original jurisdiction is sometimes a bit more complex than at a federal level insomuch as these courts can have various names such as trial courts, county courts or even district courts. This diversity can be misleading since a state court can have the same name as a federal court.

Regarding the state of California, before 1998, the first tier of the courts with original jurisdiction corresponded to the Municipal Courts which heard cases in the counties. These courts were a legacy from the past, from the time when problems had to be settled locally due to the large territory. Among other things, the courts dealt with cases over domestic relations, deeds, misdemeanors and summary offenses.

Until June 1998, there was a second tier of first instance, the *Superior Courts*. But after the adoption of an amendment to the state constitution, the two tiers merged into one unique system composed of fifty-eight courts with original jurisdiction, one court for each county. Within these trial courts – also called Superior Courts – there are several divisions which hear criminal cases (felonies, misdemeanors and infractions, juvenile delinquency) as well as civil cases. In a limited number of civil cases, the court hears the appeal lodged by one party or another in the first place.

The Courts of Appeal hear appeals coming from inferior courts. Judges check if the law has been correctly applied by trial courts. They have the power to either overrule a decision and send the case back to the initial court, or dismiss the appeal and uphold the decision.

I. Les États-Unis

A. Organisation juridictionnelle

L'organisation juridictionnelle américaine est duale puisqu'elle se compose des juridictions des États et des juridictions fédérales, les deux étant, sur le papier, complémentaires, même si une confusion existe parfois dans la pratique. Nous allons donc vous présenter tout d'abord le système étatique, avant de décrire l'organisation fédérale.

1. Les juridictions des états

Du fait du fédéralisme, chaque État américain dispose de sa propre organisation judiciaire, ce qui pourrait être source de variété, mais il s'avère que chacune d'entre elles se réfère à la Constitution américaine, de telle sorte qu'un modèle se détache. La hiérarchie des tribunaux étatiques rappelle la structure fédérale avec trois degrés de juridiction. Ils sont compétents pour juger d'affaires très diverses, la seule limite étant les restrictions posées par la Constitution américaine ou par celle de l'État concerné et par ses lois.

Prenons l'exemple de la Californie, état qui possède trois degrés de juridiction :

- Les tribunaux de première instance, nommés *Superior Courts*, organisés jusqu'en 1998 en deux échelons :
  – Les juridictions inférieures appelées *Municipal Courts* ;
  – Les juridictions de droit commun au nom de *Superior Courts*.
- Les tribunaux supérieurs qui sont les cours d'appel.
- La Cour suprême de Californie.

Le premier échelon des tribunaux de première instance est parfois un peu plus complexe qu'à l'échelle fédérale, dans la mesure où les juridictions qui l'occupent peuvent porter des noms très divers, comme *Trial Courts*, *County Courts* ou même *District Courts*. Cette diversité peut être source d'erreur puisqu'une juridiction étatique peut porter le même nom qu'une juridiction fédérale.

En ce qui concerne l'État de Californie, avant 1998, le premier échelon des tribunaux de premier degré correspondait aux *Municipal Courts* qui étaient compétents dans les comtés. Ces tribunaux représentaient un héritage du passé, de l'époque où les problèmes devaient être résolus à l'échelle locale en raison de la grandeur du territoire. Ils s'occupaient, entre autres choses, des mariages, de l'authentification d'actes, des délits et infractions mineurs.

Jusqu'en juin 1998, il existait un deuxième échelon pour ce premier degré de juridiction, les *Superior Courts*. Mais après l'adoption d'un amendement à la constitution de l'État, les deux échelons ont fusionné pour ne former qu'un seul système composé de cinquante-huit tribunaux de première instance, un tribunal par comté. Ces *trial courts* (aussi appelées *Superior Courts*) sont composées de plusieurs chambres compétentes en matière pénale (crimes, délits et contraventions, délinquance juvénile) et civile. Dans un nombre limité d'affaires civiles, le tribunal peut entendre l'appel formulé par l'une ou l'autre des parties en première instance.

Les cours d'appel traitent les appels venant des juridictions inférieures. Les juges vérifient la bonne application du droit devant les tribunaux du premier degré. Ils peuvent soit annuler la décision et renvoyer l'affaire devant la juridiction de première instance, soit rejeter l'appel et confirmer la décision.

At the top of the hierarchy, there is a state Supreme Court which may be called quite differently from one state to another: *Supreme Court* in California, *Court of Errors* in New Jersey, *Supreme Judicial Court* in Massachusetts... Whatever the name is, the functions of the court are the same. Judges hear appeals from lower courts while ensuring that state laws are respected and enforced uniformly across the state.

As a conclusion, the American court system seems simple owing to the principle of separation of federal and state courts. However, in practice, many conflicts arise. On the one hand, one needs to choose the court which has jurisdiction over the case. On the other hand, this choice also depends on the nature of the charges held against the defendant. For example a murder is a breach of state laws and is prosecuted in the state where it has been committed. It is not a federal crime. Nevertheless, if the defendant and the victim belong to different ethnic groups, it becomes a racist murder which is thus considered a federal offense, more harshly punished.

2. The federal courts

The federal courts are organized as follows:
- The U.S. District Courts;
- The U.S. Courts of Appeal;
- The U.S. Supreme Court with both original and appellate jurisdiction.

Appendix no. 3 displays the American federal court system as it is available on the official website of U.S. Courts (http://www.uscourts.gov/).

The U.S. courts

Article III, section 1 of the American Constitution provides for these courts: *"The judicial power of the United States, shall be vested in one supreme court, and in such inferior courts as the Congress may, from time to time, ordain and establish."*

The U.S. District Courts hear cases in civil, administrative and criminal matters whenever there is an infringement of a federal law, the U.S. Constitution or the treaties ratified by the United States. Only in those courts is there a grand jury whose role is to decide whether there is enough evidence for the defendant to stand trial before a popular jury[1]. There are ninety-four U.S. District Courts, at least one in each state; larger or more populous states have more than one U.S. District Court. This is the case of New York and California where there are four U.S. District Courts. From two to twenty-eight judges sit in a U.S. District Court. They have been nominated for life.

There are also special courts which hear cases over administrative disputes such as the U.S. Court of Claims.

The U.S. Courts of Appeal were created in 1891 by Congress to reduce the caseload of the Supreme Court, that is to say to hear appeals coming from losing parties as well as appeals from U.S. administrative agencies. There are 12 U.S. Courts of Appeal across the country, one for each of the 11 circuits[2], plus one for the District of Columbia, an area located in the east of the USA which covers the same region as the capital, Washington, but is not a state in itself. The courts review the opinions of lower courts, assess them and may either affirm the decision – partially or wholly – or remand the case to the lower court.

1 See Appendix n°. 2: comparative table of the French, British and American criminal proceedings.
2 See Appendix n°. 3: map of American U.S. circuits; Appendix n°. 6: map.

Au sommet de cette hiérarchie il y a une cour suprême de l'état qui peut prendre des noms très différents : *Supreme Court* pour la Californie, *Court of Errors* dans l'État du New Jersey, *Supreme Judicial Court* dans le Massachusetts… Quel que soit le nom, les fonctions sont identiques. Il s'agit d'entendre les appels des juridictions inférieures tout en veillant au bon respect du droit et à l'uniformité de son application dans l'état.

En conclusion, le système semble simple du fait de la séparation entre juridictions fédérales et étatiques. De nombreux conflits apparaissent cependant dans la pratique, au sujet, d'une part, du choix du tribunal compétent, et, d'autre part, de la qualification de l'infraction. Un meurtre, par exemple, constitue une atteinte aux lois de l'état dans lequel il a été commis, et non un crime fédéral. Toutefois, si accusé et victime sont d'origines ethniques différentes, cela devient un meurtre raciste, et donc un crime fédéral, plus lourdement sanctionné.

2. Les juridictions fédérales

À l'échelle fédérale, le système judiciaire est subdivisé en trois catégories :

- Les juridictions de droit commun appelées *U.S. District Courts* ;
- Les cours fédérales d'appel ;
- La Cour suprême, à la fois cour de première instance et cour d'appel.

Le schéma à l'annexe n° 3 représente l'organisation juridictionnelle fédérale telle qu'elle est présentée sur le site officiel des cours fédérales américaines (http://www.uscourts.gov/).

Les cours fédérales américaines

Ces différentes instances furent introduites par la Constitution américaine à l'article III, section 1 : *« Le pouvoir judiciaire des États-Unis sera conféré à une Cour suprême et à telles cours inférieures dont le Congrès pourra de temps à autre ordonner l'institution ».*

Les *U.S. District Courts* sont compétentes en matière civile, administrative et pénale pour toutes violations des lois fédérales ou de la Constitution américaine, ainsi que des traités ratifiés par les États-Unis. Ce sont les seules cours dotées d'un jury de mise en accusation, décidant si les éléments sont suffisants pour que le prévenu soit jugé par un jury populaire[1]. Elles sont au nombre de 94, chaque état en possédant au moins une, et les états les plus grands et les plus peuplés en ayant plusieurs. Les états de New York et de Californie, par exemple, ont chacun quatre *U.S. District Courts*. Dans chacune d'elles siègent deux à vingt-huit juges nommés à vie.

Il existe aussi des juridictions spécialisées dont les attributions concernent les différends d'ordre administratif telles la *U.S. Court of Claims*.

Les *U.S. Courts of Appeal* furent établies en 1891 par le Congrès pour alléger la charge de travail de la Cour suprême, c'est-à-dire pour entendre les appels interjetés par les parties ayant perdu en première instance, ainsi que ceux des agences administratives fédérales. Les États-Unis comptent 12 cours d'appel fédérales, soit une pour chacune des 11 régions judiciaires[2], plus une pour le *District of Columbia*, région située à l'est des États-Unis qui couvre la même superficie que la capitale, Washington, mais ne fait partie d'aucun état. Ces juridictions d'appel réexaminent les débats des juridictions inférieures, les évaluent et peuvent soit confirmer une partie ou l'ensemble de la décision, soit renvoyer l'affaire devant une juridiction inférieure.

1 Voir *Annexe n° 2 : tableau comparatif des procédures pénales anglaise, américaine et française.*
2 Voir *Annexe n° 3 : organisation juridictionnelle fédérale aux États-Unis* ; *Annexe n° 6 : carte des 11 régions judiciaires fédérales américaines.*

The U.S. Supreme Court, composed of nine justices, is the highest court in the country. It has multiple jurisdictions:

Original jurisdiction when diplomats, consuls or public ministers are involved.

Original jurisdiction over cases in which a state is a party, cases in which the USA is a party, cases between one or more states, between a state and citizens from another state, between citizens from different states…

Appellate jurisdiction: a hundred million cases are heard by American courts each year; between four and five thousand petitions for writ of certiorari are filed to the U.S. Supreme Court which reviews about a hundred and fifty of them. This court is the last resort for all the cases involving federal laws and most of the cases over constitutional matters. The court has not the power to decide to rule on a case if a petition has not been filed beforehand and a case will be heard only if at least four judges (out of nine) agree to do so.

In the past, the Court delivered landmark cases that you should know insomuch as journalists often allude to them:

- **1803:** ***Marbury v. Madison.***
  The Supreme Court established the principle of judicial review: an unconstitutional law is void and struck down by the court.
- **1896:** ***Plessy v. Ferguson.***
  A state has the perfect right to require colored and white people to be separated in public places if facilities are equal. The Supreme Court then defined a now infamous principle *"separate but equal"*.
- **1954:** ***Brown v. Board of Education of Topeka.***
  This case put an end to racial segregation at school. The Supreme Court partly set aside the previous decision as justices estimated that children did not enjoy the same rights and so were not treated equally.
- **1966:** ***Miranda v. Arizona.***
  In this decision the Supreme Court set out the Miranda rule named after the plaintiff to the case: any suspect has the right to be informed of his rights by the police before being questioned and to have a lawyer. This principle is well known to American crime drama television series fans!
- **1973:** ***Roe v. Wade.***
  The Supreme Court enshrined the right to abortion as a fundamental right to privacy for women under the Ninth and Fourteenth Amendments to the American Constitution.
- **2008:** ***Boumediene v. Bush.***
  The Supreme Court stated that, even if the Guantanamo military base was on Cuban soil it was run *de facto* as an American territory. As a consequence, detainees were entitled to challenge the conditions of their detention before an American federal court by filing an *Habeas* petition.

La Cour suprême des États-Unis d'Amérique, composée de neuf juges, est la plus haute instance judiciaire du pays. Elle a des compétences multiples :

Elle est utilisée en première instance quand des diplomates, des consuls ou des ministres sont impliqués.

Elle a également la charge des affaires dans lesquelles un état fédéré est une partie, et doit régler les différends concernant les États-Unis, ou opposant deux ou plusieurs états, un état et les citoyens d'un autre, les citoyens de plusieurs états…

C'est aussi une cour d'appel : cent millions d'affaires sont entendues chaque année par les juridictions américaines ; entre quatre et cinq mille d'entre elles donnent lieu à des requêtes en révision devant la Cour suprême, qui en étudie environ cent cinquante. Elle représente le dernier ressort pour toutes les questions relatives aux lois fédérales et la plupart des affaires soulevant des points de droit constitutionnel. Elle ne peut être à l'origine d'une procédure mais est sollicitée, et une affaire sera entendue seulement si au moins quatre juges sur neuf le souhaitent.

Par le passé, la Cour a pris plusieurs décisions qui ont marqué l'histoire et que vous devez connaître dans la mesure où la presse ne manque pas d'y référer :

- **1803 : *Marbury v. Madison*.**
  La Cour suprême établit par cette décision le principe de contrôle de constitutionnalité : une loi considérée anticonstitutionnelle n'a aucune valeur et est invalidée par la Cour.
- **1896 : *Plessy v. Ferguson.***
  Un état peut parfaitement imposer la séparation entre personnes de couleur et blancs dans les lieux publics, à condition que les équipements soient les mêmes. La Cour suprême définit alors un principe devenu célèbre : *« séparés mais égaux »*.
- **1954 : *Brown v. Board of Education of Topeka.***
  Cette décision met un terme à la ségrégation raciale dans les écoles. La Cour suprême invalide en partie la précédente, estimant que les enfants ne bénéficient pas des mêmes chances et, de ce fait, ne sont pas égaux.
- **1966 : *Miranda v. Arizona.***
  La Cour suprême, par cette décision, instaure le principe Miranda, du nom du plaignant dans cette affaire : tout suspect doit se voir lire ses droits par la police avant d'être interrogé et a droit à un avocat. Ce principe est parfaitement connu des amateurs de séries policières américaines !
- **1973 : *Roe v. Wade.***
  La Cour suprême consacre l'avortement en tant que droit fondamental à la vie privée des femmes en application des amendements 9 et 14 de la Constitution américaine.
- **2008 : *Boumediene v. Bush.***
  La Cour suprême déclare que, même si la base militaire de Guantanamo se trouve en territoire cubain, elle fonctionne de fait comme un territoire américain. Par conséquent, les détenus ont le droit de contester les conditions de leur détention devant une juridiction fédérale américaine en invoquant *l'Habeas Corpus*.

B. Lawyers in the USA

There are several synonyms with the generic term 'lawyer'. In the USA, one will also use the words 'attorney' or 'attorney-at-law', as well as 'counsellor' which is the formal expression to address a lawyer in court, translated by 'maître'. One sometimes refers to attorney for the plaintiff' or 'plaintiff's attorney', 'defense attorney' or 'defendant's attorney'. This is also the word uttered by the judge when he wants to speak to a lawyer in court: *"if counsel would approach the bench", "I usually ask counsel to approach the bench and we discuss and resolve the issue at that time."*

1. In the USA what are the studies to become a lawyer?

American students do not start legal studies right after their high school diploma, the equivalent of the French *baccalauréat*. First, you spend four years at university to get a Bachelor's degree in various topics such as arts, humanities, languages, history, economics, social sciences...

Then you have to apply to an American law school and take the LAST (Law School Admission Test). If you are enrolled, you spend three years studying law (on a case-method approach) in order to obtain a Juris Doctor degree, which is broadly speaking the equivalent of a French three-year law degree. The academic lectures cover a wide range of compulsory and elective subjects. You attend trial advocacy classes as well and take part in moot court competitions where you argue a hypothetical court case.

At the end of the three years, each law graduate has to choose the state they want to practise as a lawyer and pass the appropriate state bar examination administered by each state under the control of the National Conference of Bar Examiners.

Once admitted to a state bar, you have to be certified as having the good moral character and fitness to practice law. Upon approval by the state's authority responsible for licensing lawyers, you take an oath to comply with the rules governing the practice of law in that state, and receives a certificate of admission, i.e. a license, to practice law.

If you want to appear in any federal court of this state, you have to apply for admission to a federal court bar. Generally, you have to stay in the state where you have passed the examination, but if you have enough experience as a lawyer in one state, you may be allowed to practice in another state without taking the state bar examination.

2. What are the roles of American lawyers?

An American lawyer performs a large range of functions that can schematically be divided into three categories.

- Legal assistance: the American lawyer acts as an advisor, counselling his clients about their legal rights and obligations and suggesting particular courses of action in business, legal and personal matters.
- Counselling and arbitration: the American lawyer plays a crucial role in trying to settle a dispute outside court using what is called Alternative Dispute Resolutions (ADR)

B. Les avocats américains

Il existe plusieurs synonymes au terme générique d'avocat. Aux États-Unis, les mots « *attorney* » et « *attorney-at-law* » sont utilisés, ainsi que « *counsellor* », qui est l'expression consacrée pour s'adresser à un avocat dans un tribunal, traduite par « maître ». Parfois, on fait référence à un « *attorney* » dans des tournures telles que « avocat du plaignant » (« *attorney for the plaintiff* » ou « *plaintiff's attorney* ») ou « avocat de la défense » (« *defense attorney* » ou « *defendant's attorney* »). C'est le mot utilisé par le juge quand il veut parler à un avocat à la barre : « *Si vous voulez bien vous approcher à la barre, maître* », « *Je demande habituellement aux avocats de s'approcher à la barre, nous discutons et trouvons une solution au problème à ce moment-là* ».

1. Aux États-Unis quelles sont les études à suivre pour devenir avocat?

Les étudiants américains ne commencent pas à étudier le droit tout de suite après avoir obtenu leur certificat de fin d'études, qui est l'équivalent du baccalauréat français. Tout d'abord, on passe quatre ans à l'université afin d'obtenir une licence dans différents domaines tels que les sciences humaines, les langues, l'histoire, les sciences économiques et sociales...

Ensuite, il faut faire acte de candidature auprès d'une faculté de droit et passer le test d'admission de cette faculté. Si l'on est accepté, on étudie le droit pendant trois ans (grâce une pédagogie axée sur des études de cas) pour obtenir le titre de *Juris Doctor*, ce qui est *grosso modo* l'équivalent d'une licence de droit. Les cours théoriques couvrent un large éventail de matières obligatoires et optionnelles. Des enseignements portant sur l'art de plaider devant une cour sont dispensés et l'on prend part à des concours de procès fictifs où l'on présente les arguments d'une partie dans le cadre d'une hypothétique affaire portée devant les tribunaux.

À la fin des trois années, chaque diplômé en droit doit choisir l'état dans lequel il veut travailler en tant qu'avocat et réussir l'examen du barreau correspondant organisé par chaque état sous le contrôle de la Conférence nationale des examinateurs du barreau.

Une fois admis au barreau de l'état, il faut certifier de sa bonne moralité et de son aptitude à exercer la profession d'avocat. Lorsque l'autorité étatique compétente pour délivrer les certificats d'exercer donne son aval, on prête serment en jurant de respecter les règles régissant la pratique professionnelle dans cet état, et l'on se voit remettre un document attestant de son inscription au barreau, c'est-à-dire une autorisation d'exercer.

Si l'on veut comparaître devant une juridiction fédérale dans cet état, il faut faire acte de candidature pour être admis au barreau fédéral. Généralement, il faut rester dans l'état où l'on avez réussi l'examen, mais si vous avez suffisamment d'expérience en tant qu'avocat dans un état, l'on peut vous autoriser à exercer dans un autre état sans avoir à passer l'examen du barreau de cet état.

2. Quels sont les rôles assurés par les avocats américains ?

Un avocat américain remplit un vaste nombre de fonctions que l'on peut schématiquement classer en trois catégories.

- Fonction d'assistance juridique : l'avocat américain joue le rôle d'un conseiller qui renseigne son client à propos de ses droits et de ses obligations, qui suggère des moyens d'action spécifiques dans des affaires financières, juridiques et personnelles.
- Fonction de conseil en matière d'arbitrage : l'avocat américain joue un rôle crucial, celui de tenter de résoudre un litige en dehors des tribunaux en ayant recours à ce que l'on appelle les

including negotiation, mediation and arbitration. But if arbitration fails, the two parties go to trial.
- Advocacy and litigation: an American lawyer may represent their client from the beginning until the end of the (civil or criminal) case, from the first consultation throughout the trial up to the last appeal. The Sixth Amendment to the U.S. Constitution guarantees a right to counsel.

American lawyers have the possibility to practice either as sole practitioners or corporate counsels (also called in-house counsels). They may also work as lawyers representing the government in criminal and civil cases. In state courts, the state lawyer is generally called a District Attorney (D.A.) or a state prosecutor. In federal courts, U.S. attorneys, who are appointed by the President with advice and consent of the Senate, represent the federal government. The Attorney General heads the U.S. Department of Justice, represents the federal government in legal matters and may appear in person before the Supreme Court. He gives advice and opinions to the President.

Newly qualified inexperienced lawyers are usually hired as associates in a law firm where they work along with more experienced lawyers. After several years, they may be admitted to partnership in their firm, which means they become (junior and then senior) partners.

Lawyers' salaries vary depending on the region where they are located and on their status in the law firm. There are different types of fees to pay to a lawyer you want to hire. Contingent fees are forbidden in France. There are a fixed percentage of the damages awarded for example in a personal injury case. The lawyer gets the fee only if he is successful in negotiating a compensation amount for his client.

C. American judges

Becoming a judge in France is a career choice made by students once they have their basic legal qualifications – they are trained as judges. Once they have qualified as a judge they will sit in junior posts then be promoted up the judicial ladder. This results in a lower average age of judges, especially in the bottom ranks, and more training in the specific skills they need as judges.

In common law countries, there is no national school for the judiciary – people are not specifically trained as judges. To have a fair chance of becoming a judge you need to have a law degree and to be a lawyer first. Post-graduate law students can work one or two years as law clerks to gain legal professional experience – indeed, each judge in active service employs a judicial assistant and three law clerks.

In addition, in many states members of the legal profession can practice as lawyers and judges. The Judicial Conference through its Judicial Resources Committee surveys the judgeship needs of the courts every year and makes recommendations to Congress.

modes alternatifs de résolution des conflits ou règlements amiables des différends. Mais si l'arbitrage échoue, les deux parties vont au tribunal.

- Fonction de plaidoirie en cas de procès : un avocat américain peut représenter son client de bout en bout de l'affaire (civile ou pénale), depuis la première consultation tout au long du procès jusqu'au dernier recours. Le sixième amendement de la Constitution américaine garantit le droit à être représenté par un avocat.

Les avocats américains ont la possibilité d'exercer soit en tant que profession libérale ou juristes d'entreprise. Ils peuvent aussi travailler comme avocats représentant les intérêts du gouvernement dans des affaires civiles ou pénales. Dans les juridictions étatiques, l'avocat représentant l'état, le procureur, est généralement appelé un *District Attorney* ou *state prosecutor*. Dans les juridictions fédérales, les procureurs fédéraux, qui sont nommés par le Président avec l'avis et le consentement du Sénat, représentent le gouvernement fédéral. Le procureur général *(Attorney General)* est à la tête du ministère de la justice, représente le gouvernement fédéral en matière de droit et peut apparaître en personne devant la Cour suprême. Il sert de conseil juridique auprès du Président.

Les jeunes avocats diplômés sans expérience sont souvent engagés comme collaborateurs dans un cabinet d'avocats où ils travaillent aux côtés d'avocats plus expérimentés. Après plusieurs années, ils peuvent être promus dans leur cabinet, ce qui signifie qu'ils deviennent des associés (minoritaires, puis majoritaires).

Le salaire des avocats varie en fonction de la région où ils sont situés et de leur poste au sein du cabinet. Il existe différentes catégories d'honoraires à payer à un avocat que l'on veut engager. Les honoraires proportionnés au montant des dédommagements sont interdits en France. Il s'agit d'un pourcentage établi des dommages-intérêts octroyés par exemple dans une affaire de dommage corporel. L'avocat n'obtient ses honoraires que s'il parvient à négocier une indemnisation pour son client.

C. Les juges américains

En France, les étudiants font le choix de devenir magistrat une fois qu'ils ont obtenu les diplômes de droit requis ; ils reçoivent une formation en tant qu'auditeur de justice. Lorsqu'ils sortent de l'École Nationale de la Magistrature, ils sont nommés à des fonctions de moindre responsabilité, puis ils gravissent les échelons. Un tel système fait que l'âge moyen des juges est assez peu élevé, en particulier au bas de l'échelle, et que la formation reçue par les magistrats est davantage axée sur les compétences dont ils ont besoin en pratique.

Il n'existe pas, dans les pays de *common law*, d'École Nationale de la Magistrature, ce qui signifie que les gens ne sont pas spécifiquement formés pour devenir juges. Afin d'être raisonnablement en mesure d'embrasser cette profession, il faut être diplômé en droit et pratiquer en tant qu'avocat d'abord. Les étudiants suivant un troisième cycle en droit peuvent travailler pendant un ou deux ans comme assistant d'un juge pour obtenir une expérience professionnelle dans le domaine juridique ; en effet, tout juge en activité dispose d'une équipe formée d'assistants juridiques dont trois *law clerks*.

En outre, dans de nombreux états, les membres des professions juridiques peuvent exercer en tant qu'avocat ou juge. L'institution chargée du bon fonctionnement des cours fédérales américaines, du nom de *Judicial Conference*, par le biais des études menées par sa commission sur les ressources humaines dans le monde juridique, évalue chaque année les besoins des juridictions et formule des recommandations auprès du Congrès américain.

1. The federal judiciary

Under the Judiciary Act of 1789 – which provided for an independent federal judiciary while recognizing the competence and vital role of the states and their judicial systems – all federal judges are nominated by the president and must be confirmed by the Senate. For judges of lower ranks names can be put forward by members of Congress especially senators – the President tends to rely on senators' advice – this is called senatorial courtesy, it means in fact that senators can exercise an unofficial veto over a nominee unacceptable to the Senate.

a. Judges

Chief judges and Senior judges

Every federal court is led by a Chief Judge, whose responsibility is *"the efficient and effective administration of the court in compliance with statutes."* It means more precisely that a Chief Judge has to see not only that administrative tasks in the court are carried out, but he also has to address the needs of the public, attorneys, court staff, and fellow judges – he ensures that laws, regulations and court policies are fulfilled, monitors court caseloads, resolves informal disputes, serves as liaison with federal government agencies but also the Judicial Conference, among many other things. The term 'Chief Judge' has only been used since 1948, when Congress replaced the term 'senior district' or 'circuit judge' with 'chief judge' taking into account the increase in their administrative duties.

A Senior Judge is a judge who has reached the age of sixty-five and has fifteen years' seniority and who may either retire or choose to go on senior status and keep working. He is no longer considered as an active judge even if he remains in office – chambers – and staff; he does whatever work assigned by the Chief Judge of the District. This allows a senior judge to serve on the court while handing fewer cases than an active service judge.

Two major exceptions: magistrate judges and bankruptcy judges

Magistrate judges are adjuncts to the Article III district judges. These judicial officers are appointed by the district judges in each district. Full-time magistrate judges serve an eight-year term and they may be reappointed for successive terms. Under the Federal Magistrates Act 1968 – which created this new category of judges – they replaced commissioners who used to try petty offenses and conduct preliminary proceedings in criminal cases. Two amendments to the Federal Magistrates Act, one in 1976 the other in 1979, respectively authorized magistrates to conduct evidentiary hearings and to enter final orders disposing of criminal cases with the consent of the parties.

The Reform Act of 1978 established a functional, independent bankruptcy court and judges. Bankruptcy judges are appointed to fourteen-year terms by the twelve regional courts of appeals. Those terms can be renewed, and once a bankruptcy judge retires they can be recalled on an *ad hoc* or extended basis for periods up to three years. Bankruptcy judges preside over the legal processes by which individuals or businesses that cannot pay their debts seek a court's assistance in getting a fresh start.

1. L'autorité judiciaire fédérale

En vertu de la loi de 1789 sur l'autorité judiciaire qui établit un pouvoir judiciaire fédéral indépendant tout en reconnaissant la compétence et le rôle clé des états et de leur système de justice, tous les juges fédéraux sont nommés par le président après confirmation par le Sénat. En ce qui concerne les juges de rang moindre, des noms peuvent être proposés par des membres du Congrès, en particulier des sénateurs. Le président a tendance à se fier aux conseils émanant de membres de la Chambre haute ; c'est ce que l'on appelle la « courtoisie sénatoriale », ce qui signifie en fait que les sénateurs peuvent exercer un véto officieux à l'encontre de la candidature d'une personne jugée inacceptable par le Sénat.

a. Les juges

Les *Chief judges* et les *Senior judges*

À la tête de chaque juridiction fédérale se trouve un *Chief Judge* dont la responsabilité est d'assurer *« l'administration efficace des tribunaux dans le respect des lois »*. De manière plus précise, cela signifie qu'un *Chief Judge* doit vérifier non seulement que les tâches administratives sont correctement accomplies mais il doit également répondre aux besoins du public, des avocats, du personnel employé dans les tribunaux et de ses confrères ; en autres choses il s'assure que les lois, les réglementations ainsi que les règlements en vigueur dans les tribunaux soient respectés ; il gère les dossiers et leur attribution, sert de médiateur en cas de problème et d'intermédiaire avec les agences fédérales ainsi que la *Judicial Conference*. L'expression *« Chief Judge »* est seulement employée depuis 1948 lorsque le Congrès a tenu compte de l'augmentation de la part de leurs fonctions administratives et remplacé le terme de *« senior district »* ou *« circuit judge »* par celui de *« chief judge »*.

Le *Senior Judge* est un magistrat qui, ayant atteint l'âge de soixante-cinq ans et exercé pendant quinze ans, peut décider soit de prendre sa retraite, soit de continuer à travailler en tant que juge honoraire. Il n'est plus considéré comme un juge en activité même s'il garde son cabinet appelé *chambers* et les personnes travaillant pour lui ; il effectue toutes les tâches que le *Chief Judge* du *district* lui confie. Ceci permet à un *Senior judge* de continuer à siéger tout en s'occupant de moins d'affaires qu'un juge en activité.

Deux exceptions majeures, les *magistrate judges* et les *bankruptcy judges*

Les *Magistrate judges* sont des fonctions adjointes à celle de *district judge* créée par l'article III de la Constitution. Ces officiers judiciaires sont nommés par les *district judges* dans chaque *district*. Ces magistrats à temps plein occupent leurs fonctions pour un mandat de huit ans renouvelable plusieurs fois. En vertu de la loi de 1968 sur les *Federal Magistrates* qui établit une nouvelle catégorie de juges, ils remplacent les *commissioners* dont le rôle consistait alors à juger les menus larcins et à mener à bien les étapes préliminaires de la procédure dans des affaires pénales. Cette loi fut amendée à deux reprises en 1976 et 1979, amendements qui autorisent respectivement les magistrats à diriger des audiences probatoires et à rendre des jugements définitifs dans des affaires pénales avec l'accord des parties.

La réforme de 1978 établit une juridiction indépendante en matière de faillite ainsi que des juges spécialisés, les *bankruptcy judges*, nommés pour un mandat (renouvelable) de quatorze ans par les douze cours d'appel. Une fois à la retraite, le magistrat peur être rappelé de manière *ad hoc* ou pour des périodes maximales de trois ans. Ces juges président les procédures légales auxquelles ont recours les individus ou personnalités morales qui ne peuvent pas faire face à leur dettes et demandent l'aide de la cour pour recommencer à zéro.

Office of the United States District Attorney

Each district court has a District Attorney nominated for four years by the President and confirmed by the Senate. He is the prosecuting attorney in a federal district.

(U.S.) Marshals

Each district court also has a marshal who is an official who carries out the orders of a court – apprehending fugitives, protecting federal judges and courts, transporting prisoners are among their numerous tasks. The equivalent of a marshal in a state is a sheriff.

b. The Supreme Court

The Supreme Court consists of the Chief Justice – currently John Roberts (one of G. W. Bush's nominees) – and such number of Associate Justices as may be fixed by Congress (the number of Associate Justices is currently fixed at eight. Power to nominate the justices is vested in the President and appointments are made with *"the advice and consent of the Senate."* Indeed, the nomination of a Supreme Court Justice normally is referred to the Senate Judiciary Committee for public hearings, investigation, report and recommendation. As federal judges, the Justices serve *"during good behaviour,"* meaning they essentially serve for life and can be removed only by resignation, or by impeachment and subsequent conviction.

Currently, the court is split evenly between four conservatives and four liberals, with Judge Anthony Kennedy – appointed by President Ronald Reagan – the swing vote. The liberal Justice David Souter having decided to retire in May 2009 the new U.S. President Barack Obama named Sonia Sotomayor, a court of appeals judge from New York, as America's first Hispanic Supreme Court Justice. The President made the first Supreme Court nomination by a Democratic President in fifteen years. The Senate confirmed Sonia Sotomayor easily – by a 68-31 vote – on August 6, 2009. She was then sworn in at the Supreme Court by Chief Justice John Roberts. Then, on August 5, 2010 – by a 63-37 vote – the Senate confirmed President Obama's nominee, Elena Kagan, a former Solicitor General. She was sworn-in on August 7, 2010 by Chief Justice John Roberts. Thus, she became the fourth women ever to be appointed to the US Federal Supreme Court.

2. State judges

State judges can be appointed by the state governor or can be elected.

a. Election of judges

Nationwide, 87 % of all state court judges face elections, and thirty-nine states elect at least some of their judges, according to the National Centre for State Courts. In the United States most states have made their choice in favour of popular election (judges are elected usually for a specified number of years from four to fifteen) – supporters say it has the advantage of making judges accountable to the will of the people. Yet, opponents say voters do not have enough information to make sensible choices.

b. Appointment of judges

In a few states judges are appointed by the governor. Under the merit system, various panels, composed of governors' appointees and lawyers, usually appointed by the state

Bureau du Procureur fédéral

Chaque *district court* possède un Procureur fédéral nommé pour quatre ans par le président après confirmation par le Sénat. C'est l'avocat chargé des poursuites dans les juridictions fédérales.

Les *marshals*

Chaque *district court* dispose également d'un *marshal*, qui est un officiel dont le rôle est de faire exécuter les ordres de la cour pour appréhender des fugitifs, protéger juges fédéraux et tribunaux, et transporter des prisonniers. Pour les états, l'équivalent du *marshal* est le *sheriff*.

b. La Cour suprême

La Cour suprême est composée d'un *Chief Justice*, actuellement John Roberts, l'un des juges nommés par G. W. Bush, et d'*Associate Justices* dont le nombre peut être fixé par le Congrès, ce nombre étant actuellement de huit. Le pouvoir de nommer les juges fédéraux est confié au Président et les nominations sont effectuées « sur l'avis et avec le consentement du Sénat ». En effet, la procédure normale de nomination d'un juge à la Cour suprême est soumise à une commission sénatoriale et se décline selon le schéma suivant : audiences publiques, enquête, rapport et recommandations. Les juges fédéraux siègent *« aussi longtemps qu'il en seront dignes »*, ce qui signifie essentiellement qu'ils occupent leurs fonctions à vie et ne quittent leur poste que s'ils démissionnent ou font l'objet d'une procédure de destitution suivie d'une condamnation.

La Cour suprême actuelle est divisée en deux groupes égaux : quatre conservateurs et quatre libéraux, le juge Anthony Kennedy, nommé par le Président Ronald Reagan, disposant d'un vote décisif. Après la décision prise en mai 2009 par le juge libéral David Souter de prendre sa retraite, le nouveau Président Barack Obama nomma Sonia Sotomayor, juge de la cour d'appel de New York, premier juge hispanique de la Cour suprême dans l'histoire du pays. Cette nomination est la première faite par un président démocrate depuis les 15 dernières années. Le Sénat confirma à une majorité confortable (par 68 voix pour et 31 voix contre) Sonia Sotomayor au poste de juge de la Cour suprême le 6 août 2009 avant qu'elle ne prêtât serment dans l'enceinte du tribunal devant le *Chief Justice*, John Roberts. Puis, le 5 août 2010, lors d'un vote au Sénat par 63 voix pour et 37 voix contre, la Chambre haute confirma la nomination de la candidate proposé par le président Obama, Elena Kagan, ancienne *Solicitor General.* Elle prêta serment le 7 août 2010 devant le *Chief Justice*, John Roberts, devenant ainsi la quatrième femme nommée au sein de la Cour suprême américaine.

2. Les juges des juridictions des états

Ces juges peuvent être nommés par le gouverneur de l'état ou être élus.

a. Élection des juges

87 % de tous les juges du pays siégeant dans les juridictions étatiques sont élus et trente-neuf états élisent au moins une partie des juges, chiffres donnés par le Centre national des Juridictions étatiques. Aux États-Unis, la plupart des états ont opté pour un système d'élection directe ; les juges sont généralement élus pour une durée déterminée, entre quatre et quinze ans. Ceux en faveur de ce mode de nomination déclarent que les juges doivent ainsi répondre de leurs actes devant le peuple. Cependant, les détracteurs du système électoral déclarent que les électeurs n'ont pas assez d'informations pour faire des choix sensés.

b. Nomination des juges

Dans un petit nombre d'états, les juges des juridictions d'état sont nommés par le gouverneur. Selon un système fondé sur le mérite, divers panels composés de personnes nommées par le

bar, nominate candidates for appointment by the governor – the key criticism is that the lawyer-dominated panel is too secretive.

c. District Attorney: state prosecuting attorney

In most states, the District Attorney is elected. They are attached to a county and can work in different courts. In big cities, being elected the District Attorney tries to promote their ideas on security, law and order as well as crime.

d. Sheriffs

The sheriff is the official in charge of law and order within a county. In most states, they are directly elected by the people. They are also in charge of county prisons, security in courts, and carrying court orders.

gouverneur et d'avocats généralement inscrits au barreau de l'état proposent des candidats qui sont ensuite nommés par le gouverneur, la principale critique à formuler étant le manque de transparence du panel dominé par les avocats.

c. Le District Attorney : l'avocat chargé des poursuites au niveau étatique

Dans la plupart des états, le *District Attorney* est élu. Il est rattaché à un comté et peut exercer dans différentes juridictions. Dans les grandes villes, étant élu, le *District Attorney* essaie de promouvoir ses idées en matière de sécurité, d'ordre public ainsi que de criminalité.

d. Les sheriffs

Le *sheriff* est chargé de faire respecter l'ordre public au sein d'un comté. Dans la plupart des états, il est élu au suffrage direct par les citoyens. Il s'occupe également des établissements pénitentiaires du comté, de la sécurité dans les tribunaux et fait exécuter les ordres du tribunal.

II. England and Wales

A. The system of courts

The system which will now be described (see Appendix no.4) only applies to England and Wales since Scotland has kept its own justice system since the 1707 Act of Union. Following the example of many states, it is all the more necessary to distinguish between civil and criminal courts as judges usually sit only in civil or criminal courts.

1. Civil courts

In most civil cases, the plaintiff (now called the claimant) files a lawsuit against the defendant to get some damages to compensate for the loss or harm suffered. First of all, it is necessary to remind the fact that both parties are strongly encouraged to exchange the particulars of the case so as to avoid going to trial as much as possible. Protocols have to be followed. If all conciliation attempts fail, the parties then have to choose the court which will hear the case among the following three civil courts:

– Magistrates' Courts,
– County Courts,
– The High Court.

The last two categories of courts are the most important since *Magistrates' Courts* only hear minor civil cases over actions in recovery or the granting of liquor or betting licences for example.

Since the 1999 Woolf Report, which was at the origin of the reform of the civil justice system in England and Wales, the choice of the court hearing a civil case depends on the amount of money at stake as well as the complexity of the case. Even if proceedings were started in one court, the case can still be sent to another one for trial. A survey of tried cases revealed that:

– Except in personal injury cases, any action in which the claimant asks for an amount of damages of under £25,000 is generally allocated to County Courts. In personal injury cases, the amount is increased to £50,000.
– If the amount is between £25,000 and 50,000, the claimant may file a lawsuit to either one of the two courts.
– If the amount of damages is over £50,000, the case is allocated to the High Court.

The Woolf reforms introduced after the Access to Justice Act 1999 also led to the implementation of different types of proceedings or tracks before the two main civil courts:

- The small claims track is adopted for cases in which the amount of money at stake is not over £50,000. Cases are always heard in County Courts. Proceedings are faster, easier and less expensive since parties are not obliged to hire a lawyer.
- The fast-track, for cases in which the amount of damages claimed is between £5,000 and 15,000 which are generally heard in County Courts. As the name of the track indicates, proceedings have to be fast. Consequently, the hearing cannot last more than one day and once a case is set down for hearing the judgement has to take place within thirty weeks.
- Multi-track cases are longer and normally heard in the High Court. They involve sums of money over £15,000 or are particularly complex.

II. L'Angleterre et le pays de Galles

A. Organisation juridictionnelle

Le système que nous allons décrire (voir Annexe n° 4) ne concerne que l'Angleterre et le pays de Galles, l'Écosse ayant conservé son propre système de justice lors de l'Union en 1707. À l'instar de nombreux pays, il est nécessaire de distinguer les juridictions civiles et pénales, d'autant plus que les juges, en général, ne siègent pas dans les deux types de juridictions.

1. Les juridictions civiles

Dans la plupart des affaires civiles, le plaignant (aujourd'hui appelé *claimant*) intente une action en justice contre le défendeur afin d'obtenir réparation pour la perte ou le préjudice qu'il a subi. Avant toute chose, il faut rappeler que les deux parties sont fortement encouragées à échanger les éléments du dossier, ceci dans le but d'éviter, autant que possible, le procès. Une procédure doit être respectée. Lorsque toutes les tentatives de conciliation échouent, les parties doivent choisir une juridiction parmi les trois compétentes en matière civile :

- Les *Magistrates' Courts,*
- Les tribunaux de comté ou *County Courts,*
- La Haute Cour de justice de l'Angleterre ou *High Court.*

Les deux derniers types de juridictions sont les plus importants, les *Magistrates' Courts* ne statuant que sur des affaires civiles d'importance secondaire comme les actions en recouvrement ou l'octroi de licences pour les débits de boissons ou les salles de jeu.

Depuis 1999, date de publication du rapport Woolf qui fut à l'origine d'une réforme du système de justice civile en Angleterre et au pays de Galles, le choix de la juridiction compétente en matière civile dépend du taux de ressort, c'est-à-dire du montant de l'intérêt litigieux en jeu, ainsi que de la complexité de l'affaire. Commencer une action devant telle ou telle juridiction n'empêche pas cependant d'en changer lors du procès. Une étude des affaires jugées indique que :

- Toute action autre qu'une action pour préjudice corporel, dans laquelle le demandeur réclame des dommages-intérêts d'un montant inférieur à 25 000 livres sterling relève en général des *County Courts*. En cas de préjudice corporel, le montant est porté à 50 000 livres sterling.
- Toute action d'un montant situé entre 25 000 et 50 000 livres sterling peut être jugée dans les deux juridictions.
- Toute action dans laquelle les dommages-intérêts réclamés dépassent 50 000 livres sterling est portée devant la *High Court*.

Les « réformes Woolf », introduites par la loi de 1999 sur l'accès à la justice, ont également mis en place différents types de procédure, ou voies à suivre, devant les deux principales juridictions en matière civile :

- Le *small claims track* : c'est la « voie » ou procédure pour des actions dans lesquelles les sommes en jeu ne dépassent pas 5 000 livres sterling. Elles sont toujours entendues par les *County Courts* et sont plus rapides, plus simples et moins coûteuses, le recours à un avocat n'étant pas obligatoire.
- Le *fast-track* : c'est la procédure pour des actions mettant en jeu des sommes comprises entre 5 000 et 15 000 livres sterling. Elles relèvent en général des *County Courts*. Comme le nom l'indique, la procédure doit être rapide. De ce fait, l'audience ne doit pas dépasser une journée et une fois la date du procès fixée, le jugement doit intervenir au plus tard dans les trente semaines.
- Le *multi-track* : cette procédure, plus longue et relevant normalement de la *High Court*, est celle des actions mettant en jeu des sommes supérieures à 15 000 livres sterling ou présentant une certaine complexité.

There are 230 County Courts in England and Wales, meaning one court in each city. County courts hear any kind of civil cases, mainly when there is a dispute involving contract law, tort law, cases for the recovery of land... Appeals are lodged to the civil division of the Court of Appeal, except for fast track cases which are sent to the High Court.

The High Court is in London but has judges in 26 cities throughout England and Wales. It is composed of three divisions:

- The Queen's Bench Division hears a broad range of cases as it deals with contract and tort cases where the amount claimed is over £50,000.
- The Chancery Division rules on cases dealing mainly with insolvency, bankruptcies, the enforcement of mortgages, intellectual property, copyright and patents.
- The Family Division hears all matrimonial and family cases such as divorce or custody.

Appeals are heard in the civil division of the Court of Appeal.

2. Criminal courts

The two main categories of criminal courts are *Magistrates' Courts* and the *Crown Court*, the choice of the court depending in fact on the nature of the offence. Since 1977 there have been three categories of offences in English law:

- Summary offences such as driving offences, public drunkenness or disturbance of the peace, tried by a summary judgement in Magistrates' Courts.
- Triable either way offences such as theft which can be tried, as the name indicates, in one criminal court or another.
- Indictable offences such as murder or rape tried in the Crown Court with a popular jury.

In most cases, the defendant pleads guilty to the charges held against him so that the role of the court amounts to deciding the sentence imposed on the defendant. If the defendant pleads not guilty, the court will then have to either convict him or find him not guilty before ruling on the sentence.

a. The Magistrates' Courts

In England and Wales, there are about 430 Magistrates' Courts. The judges sitting in these courts are mainly magistrates, or Justices of the Peace (currently approximately 30,000). They are voluntary, unpaid, lay judges. Magistrates' Courts deal with cases that have a connection with its geographical area and rule on summary offences classified into five categories and for which the imposed sentences are strictly codified, and on triable either way offences – 97 % of all criminal cases. They also conduct committal proceedings for all indictable offences that are then sent to the Crown Court. They issue warrants of arrest and search warrants. They have the power to release people on bail. Appeals against the decisions coming from Magistrates' Courts are lodged to the Crown Court which can decide the conviction or the acquittal of the defendant and/or the imposed sentence. If the appeal is on a point of law, it is lodged to the Queen's Bench Divisional Court that only rules on the guilt or innocence of the accused.

L'Angleterre et le pays de Galles comptent 230 tribunaux de comté, ce qui signifie que chaque grande ville en possède un. Ils sont compétents pour juger tout type d'affaires civiles, les principales étant les litiges concernant les contrats et la responsabilité extra-contractuelle ou quasi-délictuelle, les actions en recouvrement de biens immeubles … Les appels se font devant la Chambre civile de la Cour d'appel, sauf pour les actions suivant le *fast-track* qui sont renvoyées devant la *High Court*.

La *High Court* se trouve à Londres mais possède des représentants dans 26 villes à travers l'Angleterre et le pays de Galles. Elle est composée de trois chambres :

- La Chambre du Banc de la Reine : elle a une compétence très étendue puisqu'elle s'occupe des demandes en matière délictuelle et contractuelle de plus de 50 000 livres sterling.
- La Chambre de la Chancellerie : elle statue essentiellement sur des affaires d'insolvabilité, de faillite(s), de rachat et de saisie des hypothèques, de droit à la propriété intellectuelle, de droits d'auteur et de brevets.
- La Chambre de la Famille : elle est compétente pour toutes les affaires matrimoniales et familiales, comme les jugements de divorce ou les gardes d'enfants.

Les appels sont entendus par la Chambre civile de la Cour d'appel.

2. Les juridictions pénales

Les deux principaux types de juridictions pénales sont les *Magistrates' Courts* et la *Crown Court*, le choix de la cour compétente dépendant en fait de la nature de l'infraction. Le droit anglais divise en effet depuis 1977 les infractions en trois catégories :

- Les infractions mineures, comme les infractions routières, l'état d'ivresse ou les troubles sur la voie publique ; celles-ci peuvent être jugées selon une procédure rapide par les *Magistrates' Courts*.
- Les infractions intermédiaires ou délits relevant d'une juridiction inférieure ou supérieure, tels que le vol, qui peuvent être jugés, comme leur nom l'indique, dans l'une ou l'autre des deux juridictions pénales.
- Les infractions majeures ou crimes, comme le meurtre ou le viol, qui sont entendues par la *Crown Court* en présence d'un jury.

Dans la plupart des affaires, l'accusé plaide coupable des faits qui lui sont reprochés, si bien que le rôle de la cour est de décider de la peine qui lui sera infligée. Si l'accusé plaide non coupable, le tribunal devra alors, statuer sur la culpabilité avant de statuer sur la peine.

a. Les *Magistrates Courts*

L'Angleterre et le pays de Galles comptent environ 430 *Magistrates' Courts* dans lesquelles siègent essentiellement des *magistrates*, ou *Justices of the Peace*, qui sont des juges non professionnels volontaires et non rémunérés (ils sont environ 30 000 aujourd'hui). Ces juridictions ont une compétence territoriale locale et peuvent statuer sur les infractions mineures ou contraventions, divisées en cinq catégories et pour lesquelles les peines infligées sont précisément codifiées, et sur les délits, qui représentent 97 % des affaires criminelles. Elles procèdent également à une instruction préliminaire pour tous les crimes qui sont ensuite renvoyés devant la *Crown Court* et délivrent les mandats d'arrêt et de perquisition, ainsi que les mises en liberté sous caution. Les appels contre les décisions des *Magistrates' Courts* sont portés devant la *Crown Court* qui peut statuer sur la culpabilité ou non culpabilité de l'accusé et/ou sur la peine infligée. Si l'appel porte sur un point de droit, il doit alors se faire devant le tribunal divisionnel de la Chambre du Banc de la Reine qui ne statue que sur la culpabilité ou la non culpabilité de l'accusé.

b. The Crown Court

The Crown Court, which replaced the Assizes and Quarter Sessions on January 1, 1972, located in London, is informally called 'the Old Bailey' from the street where it is situated but Crown Court judges sit outside the capital in 90 centres throughout England and Wales. During a Crown Court trial there is a jury whose role consists in finding the defendant guilty or not guilty – the role of the judge being to impose the sentence. There is no jury if the defendant pleads guilty or in a terrorism case. The Crown Court hears cases involving indictable or triable either offences. Appeals against decisions coming from the Crown Court – conviction and/or sentence – are normally lodged to the Criminal Division of the Court of Appeal except in case of an appeal on a point of law.

c. The Supreme Court

The description of the system of courts in England and Wales would not be complete without evoking the Supreme Court of the U.K., created by the Constitutional Reform Act 2005 and which officially came into force on October 1, 2009. It is the highest court in the United Kingdom, and not only England and Wales, and takes over the function of highest court of appeal previously held by the Appellate Committee of the House of Lords. The Committee, traditionally presided over by the Lord Chancellor (LC), was composed of 12 full-time judges, who were life members of the House of Lords, the Lords of Appeal in Ordinary, more famous with the name of Law Lords. The (new) expression 'Supreme Court of the U.K.' may be mistaking because it suggests some similarities with the U.S. Supreme Court. However, contrary to its American counterpart, the U.K. court, presided over by the former Lord Chief Justice, Lord Phillips of Worth Matravers, is not a constitutional court as there is no such thing as a unique written constitution in the U.K. and insomuch as the court does not have the power to nullify an Act of Parliament in case, for example, the law is contrary to the European Convention on Human Rights. Similar to the Appellate Committee of the House of Lords, the U.K. Supreme Court's role mainly consists in reviewing cases involving points of law of public interest and interpreting laws as a court of last resort. The only significant change lies in the transfer of powers from the judicial committee of the Privy Council in cases involving devolved matters including the compliance with their assigned powers by the devolved assemblies.

B. Lawyers in England and Wales: barristers and solicitors

In England and Wales, if you want to become a lawyer you have to choose between two types of lawyers: solicitors or barristers. This is the main reason why this is called (for now) a divided profession. However, prior to this choice, the studies are quite similar.

One common synonym with "lawyer" is "counsel" such as "counsel for the plaintiff" or "plaintiff's counsel", "defence counsel" or "defendant's counsel". This is also the word uttered by the judge when he wants to speak to a lawyer in court: "*If counsel would approach the bench*", "*I usually ask counsel to approach the bench and we discuss and resolve the issue at that time*".

1. What are the studies to become a lawyer in England or Wales?

All students have to pass their A-levels (British equivalent of the French *baccalauréat*), then to go to university to get a qualifying law degree, generally a Bachelor's degree in law.

b. La *Crown Court*

La *Crown Court,* qui remplace, depuis le 1er janvier 1972, la Cour d'Assises et la Cour de Sessions Trimestrielles, se trouve à Londres et est familièrement appelée *« the Old Bailey »,* du nom de la rue où elle est située, mais ses juges tiennent des sessions en dehors de la capitale, dans 90 centres à travers l'Angleterre et le pays de Galles. Est présent lors du procès devant la *Crown Court* un jury, dont le rôle consiste à déclarer l'accusé coupable ou non coupable, le juge se chargeant de prononcer la peine. Il n'y a pas de jury si l'accusé reconnaît les faits ainsi que dans les procès de terrorisme. La cour est compétente pour les deux premières catégories d'infractions (les crimes et les délits). Les appels contre les décisions de la *Crown Court*, condamnation et/ou peine, sont normalement portés devant la chambre criminelle de la cour d'appel, sauf pour ceux portant sur des points de droit.

c. La Cour Suprême

Cette description de l'organisation juridictionnelle en Angleterre et au pays de Galles ne serait pas complète si l'on n'évoquait pas la Cour suprême du Royaume-Uni, établie par la loi de 2005 sur la réforme constitutionnelle et opérationnelle officiellement à compter du 1er octobre 2009. Elle devient la plus haute instance de tout le Royaume-Uni, et pas seulement de l'Angleterre et du pays de Galles, et reprend une fonction, celle de plus haute cour d'appel du pays jusqu'à présent remplie par le Comité d'appel de la Chambre des lords. Ce dernier, traditionnellement présidé par le Lord Chancelier, était composé de 12 juges en activité, membres à vie de la Chambre des lords, les *Lords of Appeal in Ordinary*, plus connus sous le nom de *Law Lords* littéralement les « Lords juges ». L'expression (nouvelle) « Cour suprême du Royaume-Uni » peut prêter à confusion, puisqu'elle suggère une ressemblance avec la Cour suprême fédérale américaine. Or, contrairement à celle-ci, la Cour suprême du Royaume-Uni, présidée par l'ancien *Lord Chief Justice*, Lord Phillips de Worth Matravers, ne constitue pas une cour constitutionnelle, en l'absence d'une véritable constitution écrite, et dans la mesure où elle ne dispose pas du pouvoir d'abroger une loi du Parlement de Westminster dans l'éventualité, par exemple, de son incompatibilité avec la Convention européenne des droits de l'homme. Tout comme le Comité d'appel de la Chambre des lords, l'essentiel de son rôle consiste à examiner des affaires qui soulèvent des points de droit d'intérêt général et à interpréter les lois en dernier ressort. Le seul changement notable réside dans le transfert des pouvoirs du comité judiciaire du *Privy Council* en matière de questions de droit relatives à la dévolution – notamment le respect des limites de l'exercice de leurs compétences par les assemblées dévolues.

C. Les avocats anglais et gallois

Si vous souhaitez devenir avocat en Angleterre et au pays de Galles, vous devez choisir entre deux types d'avocats : les *solicitors* et les *barristers*. C'est la principale raison pour laquelle on parle (pour l'instant) d'une profession divisée. Cependant, avant de faire ce choix, les études sont assez semblables.

Un synonyme fréquent du terme avocat est le mot « *counsel* » telles que « *counsel for the plaintif* » ou « *plaintiff's counsel* », « *defence counsel* » or « *defendant's counsel* ». C'est également le mot utilisé par le juge quand il veut parler à un avocat à la barre : « Si vous voulez bien vous approcher à la barre, maître. » « Je demande habituellement aux avocats de s'approcher à la barre, nous discutons et trouvons une solution au problème à ce moment-là. »

1. Quelles études faut-il suivre pour devenir avocat en Angleterre ou au pays de Galles ?

Tous les étudiants doivent réussir l'équivalent britannique du baccalauréat français (*A-levels*), puis aller à l'université pour obtenir un diplôme de droit ou équivalent, généralement une licence

If you have a non-law degree, you may undertake a one-year intensive legal conversion course by obtaining the Graduate Diploma in Law (GDL). You have next to decide to start studies to become either a barrister or a solicitor.

a. To become a barrister

First and foremost, the student spends one year studying at a school of law and attends the Bar Vocational Course (BVC), which was renamed Bar Professional Training Course (BPTC) in 2010, in order to take and pass the Bar final exams. During that year, the student is required to join one Inn of Court as a student member. There they have to take part to 12 qualifying sessions, such as dining nights during which they are supposed to establish a social network of acquaintances.

Once the student has successfully completed the BVC and the requisite number of qualifying sessions, they may apply for Call. They are called to the Bar by their Inn during a ceremony called a Call Night. They are then entitled to call themselves a barrister.

The third step undertaken by an aspiring barrister is the pupillage, a year of practical training spent at a set of Chambers under the supervision of a practising senior barrister (of at least five years' standing), called a pupil master or pupil supervisor.

b. To become a solicitor

To begin with, the student needs to attend lessons during a one-year legal programme called the Legal Practice Course. Classes have both compulsory and elective subjects that are academic as well as quite practical. The student will learn some very vocational legal skills: how to interview and advise a client, how to do legal research, how to write and draft a deed, how to negotiate, how to advocate.

Once the student has passed the exams at the end of the LPC, they spend a two-year training period in a law firm with a practising solicitor. This period used to be called 'articles in clerkship'; its current name is 'training contract'. This is a practice-based training for trainees to get practical experience. Trainees receive a minimum salary and learn how to handle cases and clients under the close supervision of their training supervisor. During the training contract, they also have to complete the Professional Skills Course, that is to say the equivalent of twelve days of classes on advocacy and communication skills, financial and business skills, client care and professional standards.

If suitable for admission, one has to be certified by the SRA (Solicitors' Regulatory Authority), which means that one is 'admitted to the Roll' by the Master of the Rolls, who puts the applicant's name on the list of all solicitors: the Roll.

2. What are the roles of English and Welsh lawyers?

a. Barristers

Barristers who have successfully undertaken their pupillage and found a tenancy (a permanent place in a set of chambers) work as free-lancers. Before 1990, barristers were not allowed to form partnership. Now they can be employed by a firm of solicitors under the supervision of the Law Society. English and Welsh barristers are sometimes employed by a corporation, a bank, the Government Legal Service, the Environment Agency or the Law commission.

de droit. Si l'on est détenteur d'un diplôme universitaire autre que de droit, on peut suivre une formation juridique intensive d'un an en obtenant le *Graduate Diploma in Law*. Il faut ensuite décider d'entamer des études pour devenir soit *barrister*, soit *solicitor*.

a. Pour devenir *barrister*

Tout d'abord, vous étudiez pendant un an dans une faculté de droit et vous suivez la formation spécialisée pour devenir barrister (*BVC* qui a été renommé *BPTC* en 2010) afin de passer et réussir l'examen du barreau. Pendant cette année, on a l'obligation d'être admis en tant qu'étudiant par une *Inn of Court*, une école de droit. Là, il faut participer à un total de 12 sessions obligatoires pour obtenir le titre de *barrister*. Ce sont des événements particuliers tels que des repas pendant lesquels l'étudiant est censé établir des contacts.

Une fois que l'on a achevé sa formation et que l'on a obtenu le nombre requis de sessions, on peut demander à être admis au barreau. Cette admission se déroule dans les locaux de l'école de droit pendant une cérémonie appelée *Call Night*. On obtient dès lors le droit de prendre le titre de *barrister*.

La troisième étape effectuée par le futur *barrister* est le *pupillage*, période de stage et d'apprentissage d'un an passé dans un cabinet d'avocats sous le contrôle d'un praticien expérimenté (ayant au moins cinq ans d'expérience professionnelle), et appelé « maître de l'élève ».

b. Pour devenir *solicitor*

En premier lieu, il faut suivre pendant un an une formation appelée *Legal Practice Course*. Les cours portent sur des matières obligatoires et optionnelles dont le contenu est théorique aussi bien que pratique. Cela permet d'acquérir des savoir-faire très professionnels : comment mener une consultation avec un client et le conseiller, comment mener des recherches juridiques, comment rédiger un acte, comment mener des négociations, comment plaider.

Une fois les examens de fin d'étude réussis, l'étudiant suit une période d'apprentissage de deux ans avec un praticien dans un cabinet d'avocats. Cette période autrefois appelée « *articles in clerkship* » se nomme désormais « *training contract* ». C'est une formation pratique durant laquelle l'étudiant est un « apprenti » visant à acquérir une expérience professionnelle. Il reçoit un salaire minimum et apprend comment gérer des affaires et des clients sous l'étroit contrôle de son directeur de stage. Pendant la période d'apprentissage, il faut aussi suivre une formation professionnelle, qui correspond à douze jours de cours, portant sur l'acquisition de compétences en matière de plaidoirie et de communication, dans le domaine de la finance et des affaires, ainsi que sur les relations avec les clients et la déontologie.

Si l'on remplit les conditions, il faut obtenir un certificat délivré par le *SRA*, l'organe de contrôle du barreau pour les *solicitors*, ce qui signifie que l'on est admis au barreau par le bâtonnier qui inscrit le nom du candidat sur les Rôles, la liste de tous les *solicitors* d'Angleterre et du pays de Galles.

2. Quelles sont les fonctions des avocats anglais et gallois?

a. Les *barristers*

Les *barristers* ayant effectué leur stage avec succès et qui ont trouvé une place dans un cabinet d'avocats travaillent à leur compte. Avant 1990, les *barristers* n'avaient pas le droit de s'associer. Ils peuvent maintenant être engagés par un cabinet de *solicitors* sous le contrôle de la *Law Society*, le conseil de l'ordre des *solicitors*. Les *barristers* anglais et gallois sont parfois engagés par une entreprise, une banque, les services juridiques du gouvernement, l'agence sur l'environnement ou la commission juridique.

Barristers are generally considered as experts and are asked opinions or advice on complex or specialised points of law. They also draft pleadings in all cases. They plead in all courts, appearing either in court dress (wearing wig and gown) or in business suit depending on the type of hearing and court. Before 2004, it was impossible for clients to instruct a barrister directly. A client had to first go and hire a solicitor who would then brief the barrister who would plan his advocacy on the brief. Nowadays, barristers are allowed to obtain instructions directly from the public, but it is still rare to see someone go and consult a barrister to be represented in court.

b. Solicitors

The main role carried out by solicitors is to provide clients with legal advice concerning their rights within the law. There is a current and increasing tendency for solicitors to specialise, which means that the division of work between barristers and solicitors is less and less clear. A great deal of a solicitor's work is devoted to the drawing up of legal documents of all kinds, mainly in the field of probate and conveyancing. Yet, the major change in solicitors' working field took place in the 1990s with two laws enacted by Parliament (the 1990 Courts and Legal Services Act and the 1999 Access to Justice Act) which allowed solicitors to apply for rights of audience in all courts (inferior and superior). Today, if a client consults a solicitor who has rights of audience, the latter will be able to offer him a complete service from initial advice to case preparation and presentation before the court.

It was very recently, in 2007, that the biggest reform of the regulation of legal services took place in England and Wales with the enactment of the Legal Services Act 2007. It created a single supervisory body, the Legal Services Board (LSB), to oversee the approved regulators such as the Law Society (for solicitors) and the Bar Council (for barristers). It required professional bodies to separate their disciplinary and representative functions. As a result, The Bar Standards Board was established. It is the independent regulatory board responsible for regulating barristers along with the Bar Council which provides representation for the Bar as well as guidance on issues of professional practice. Similarly, the Law Society is the representation body of solicitors and has delegated its regulatory powers to the Solicitor Regulation Authority (SRA) which sets and enforces standards for solicitors across England and Wales.

If a solicitor wants to start working as a barrister, this is still possible pursuant to the Qualified Lawyer Transfer Regulations 1990, which allows him to practise as a barrister. He is still on the Roll, but no longer has any practising certificate. After several years of practice, successful junior barristers can apply to become Queen's Counsel (Q.C.). The title is a mark of eminence in the profession. A Q.C. is a skilled and experienced advocate whose role will exclusively be to plead. He is said to 'take silk' because he now wears a silk robe instead of a cotton one.

Eventually, after a number of years' experience as a practicing solicitor or barrister, one may consider applying for an appointment as a judge.

C. English and Welsh judges

In England and Wales, judges are generally appointed by executive branch officials, though lately judicial commissions made up of lawyers and lay people are taking a larger role in the initial selection of candidates.

Les *barristers* sont généralement considérés comme des praticiens spécialisés à qui l'on s'adresse pour obtenir des opinions ou des conseils sur des points de droit complexes et précis. Ils rédigent aussi des conclusions dans tout type d'affaire. Ils plaident devant toutes les juridictions, apparaissant devant la cour portant soit la tenue de rigueur (perruque et robe) soit un costume, en fonction du type d'audience et de tribunal. Avant 2004, il n'était pas possible pour des clients de consulter directement un *barrister*. Un client devait d'abord aller voir un *solicitor* qui mandatait ensuite le *barrister* chargé de la plaidoirie élaborée en se fondant sur le dossier communiqué. De nos jours, les *barristers* sont autorisés à recevoir un dossier directement transmis par les membres du public, mais il est encore rare de voir quelqu'un aller consulter un *barrister* pour qu'il le représente devant le tribunal.

b. Les *Solicitors*

La principale fonction assurée par les *solicitors* est de donner des conseils aux clients à propos de leurs droits. Il existe une tendance actuelle pour les *solicitors* à se spécialiser, ce qui signifie que la répartition des tâches entre *barristers* et *solicitors* est de plus en plus floue. Une grande partie du travail d'un *solicitor* est consacrée à la rédaction d'actes en tout genre, principalement en matière de successions et de transferts de propriété. Cependant, le changement majeur opéré dans le champ d'action des *solicitors* eut lieu dans les années 1990, avec deux lois votées par le Parlement (la loi de 1990 sur les tribunaux et les services juridiques et la loi de 1999 sur l'accès à la justice) qui autorisèrent les *solicitors* à plaider devant toutes les juridictions (inférieures et supérieures). Aujourd'hui, si un client consulte un *solicitor* qui a le droit de plaider devant les juridictions supérieures, celui-ci sera en mesure de lui offrir des services complets allant du conseil initial à la préparation du dossier et la présentation de l'affaire devant la cour.

Ce n'est que très récemment, en 2007, que la plus importante des réformes en matière de réglementation des services juridiques a eu lieu en Angleterre et au pays de Galles avec le vote de la loi de 2007 sur les services juridiques. Elle a créé un seul organisme de contrôle, appelé le *Legal Services Board*, le conseil des services juridiques, pour superviser les organes de réglementation tels que le conseil de l'ordre des *solicitors* et celui des *barristers*. Elle exigeait des organismes professionnels de séparer les fonctions de régulation et de représentation. Par conséquent, le conseil des normes du Barreau fut mis en place. C'est un conseil indépendant chargé de la réglementation des *barristers* en parallèle avec le *Bar Council* qui représente le barreau et fournit des conseils en matière de pratiques professionnelles. De la même manière, la *Law Society* est l'organe de représentation des *solicitors* et a délégué ses pouvoirs de réglementation à la *SRA* qui fixe et applique les normes pour ces avocats en Angleterre et au pays de Galles.

Si un *solicitor* veut commencer à exercer en tant que *barrister*, cela est toujours possible en vertu de la réglementation de 1990 sur le transfert des avocats diplômés qui le lui permet. Son nom est encore inscrit aux Rôles, mais il n'a plus l'autorisation de pratiquer. Après plusieurs années d'expérience, les brillants avocats de rang inférieur peuvent postuler pour devenir *Queen's Counsel*, avocat de rang supérieur. Le titre est une marque de distinction dans la profession. Un Q.C. est un avocat plaidant compétent et expérimenté dont le rôle sera exclusivement de plaider. On dit qu'il prend la « robe de soie » parce qu'il doit maintenant porter une robe de soie qui remplace celle de coton.

Finalement, une fois que l'on a acquis un certain nombre d'années d'expérience professionnelle en tant que praticien (*solicitor* ou *barrister*), on peut envisager de faire acte de candidature pour être nommé juge.

C. Les juges en Angleterre et au pays de Galles

En Angleterre et au pays de Galles, les magistrats sont généralement nommés par le pouvoir exécutif, bien que le rôle joué dans la sélection initiale des candidats par de récentes commissions judiciaires composées d'avocats et non juristes soit de plus en plus important.

The organisation of the practising legal profession in England and Wales is very different to the position in many other countries. It is in the 'name of the Queen' that the English system of justice is administered. Judges are called 'Her Majesty's Judges'; they receive their 'Warrants of Appointment' from the Queen and all the courts bear the Royal Coat of Arms ('Dieu et mon droit') to show that they do their work in the name of the Queen. Today, English Judges are from a slightly more diverse background than their predecessors and are much likely to have read law at university.

In Britain, there is nothing like French competitive exams to become a judge; you can never start your career as a judge. Only after being a lawyer, traditionally a barrister, can you expect one day becoming a judge because an essential principle is that: "The better lawyer you are, the better judge you will be." Indeed, the judiciary is chosen primarily from the English Bar which has a reputation for independence and impartiality. Lawyers need to gain very considerable experience in the law (from ten to fifteen years) before hoping being appointed as judges.

The relevant qualifications for the different judicial posts are now contained in the Courts and Legal Services Act 1990. This Act broke the previous monopoly that the Bar held on all superior judgeships. To become a judge at any level now it is necessary to have qualified as a barrister or solicitor. It is no longer essential to have practised – the 1990 Act provides for academic lawyers to be appointed.

1. Judicial offices

Most judges in England and Wales are full-time judges who are appointed from among judges or practising lawyers. There are also many part-time judges who, when they are not sitting as judges, carry on their careers as solicitors or barristers. An assistant recorder (a recorder being a part-time judge) will normally be in their late thirties or early forties when appointed, and the average age for appointment to the High Court Bench tends to be late forties, early fifties. There is no regular system of promotion in the judiciary.

a. Twelve Lords of Appeal in Ordinary

They were normally referred to as the Law Lords for the simple reason that they used to sit in the House of Lords – the highest domestic court in the U.K. – and that they are ennobled as Life Peers when they are appointed to their positions. They are now called the Justices of the Supreme Court under the Constitutional Reform Act 2005.

Until recently, they were appointed by the Queen among senior judicial office-holders – Lords Justices of Appeal having held high judicial office for 2 years – on the advice of the Prime Minister (PM). Sometimes they were chosen among high-profile barristers with a fifteen-year legal experience. Under the 2005 Act, the Lord Chancellor now has to convene an *ad hoc* selection commission if there is, or is likely to be a vacancy. Subsequently, he will notify the Prime Minister of the identity of the person selected by the commission and the Prime Minister must recommend the appointment of that person to the Queen.

b. Thirty-seven Lords Justices of Appeal

Known as Lord or Lady Justice – whereas male judges receive knighthoods on their elevation, the women become Dames – they were traditionally recruited among judges

L'organisation des professions juridiques en Angleterre et au pays de Galles est très différente de celle adoptée dans de nombreux autres pays. La justice anglaise est administrée au « nom de la Reine ». Les magistrats sont appelés les « magistrats de sa Majesté » qui les nomme en leur accordant ce que l'on appelle un *Warrant of Appointment* et se trouve, dans tous les tribunaux, l'écusson royal portant la mention « Dieu et mon droit » afin de montrer qu'ils œuvrent au nom de la Reine. De nos jours, le profil des juges anglais est légèrement plus diversifié que par le passé et les magistrats ont très probablement étudié le droit à l'université.

En Grande-Bretagne, il n'existe pas de concours comme en France pour devenir magistrat. Il est impossible de commencer sa carrière en tant que juge. Ce n'est qu'une fois avoir exercé en tant qu'avocat, traditionnellement avec le titre de *barrister*, que l'on peut espérer un jour devenir juge, car l'un des principes essentiels est le suivant : « Plus l'avocat est bon, plus le juge le sera ». En effet, les membres de l'autorité judiciaire sont, avant toute chose, choisis au sein du barreau anglais, qui jouit d'une réputation d'indépendance et d'impartialité. Les avocats ont besoin d'acquérir une expérience substantielle dans la pratique du droit (de dix à quinze ans) avant d'espérer être nommés juges.

Les conditions à remplir pour pouvoir être nommé aux différentes fonctions de juge sont maintenant énoncées dans la loi de 1990 sur les tribunaux et les services juridiques, loi qui a mis fin au monopole que possédait jadis le barreau anglais sur tous les postes de juge dans les juridictions supérieures. Désormais pour devenir juge quelle que soit la juridiction, il est nécessaire d'avoir obtenu le titre de *barrister* ou de *solicitor*. La pratique professionnelle n'est plus une condition essentielle car la loi de 1990 dispose que les professeurs de droit à l'université peuvent être nommés.

1. Les postes de juges

La plupart des juges en Angleterre et au pays de Galles sont des professionnels nommés parmi les juges ou les avocats en fonction. Il existe également bon nombre de juges non-professionnels qui, lorsqu'ils ne siègent pas, poursuivent leur carrière en tant que *solicitor* ou *barrister*. En temps normal, le juge que l'on appelle *assistant recorder* (un *recorder* est un juge à temps partiel) a entre trente et quarante ans lorsqu'il est nommé. L'âge moyen des juges nommés à la *High Court* est plus proche des quarante à cinquante ans. Il n'y a pas de système régulier de promotion au sein du corps des magistrats.

a. Les douze juges de la Chambre des lords

On fait normalement référence à ces juges en les appelant les *Law Lords*, pour la simple et bonne raison qu'auparavant ils siégeaient à la Chambre des lords, qui constituait la plus haute juridiction du pays, et qu'ils sont anoblis lorsqu'ils prennent leurs fonctions. Désormais, en vertu de la loi de 2005 sur la réforme constitutionnelle, on les appelle les « juges de la Cour suprême ».

Jusqu'à il y a peu, ces juges étaient nommés par la Reine, qui les choisissait parmi les magistrats les plus expérimentés déjà en poste, c'est-à-dire les juges de la cour d'appel en fonction depuis deux ans, la Reine suivant les conseils du Premier ministre. Ils étaient parfois choisis parmi les *barristers* les plus connus qui exerçaient depuis quinze ans. Désormais, en vertu de la loi de 2005, le Lord Chancelier doit réunir un comité de sélection *ad hoc* si un poste est vacant ou susceptible de l'être. Par la suite, il informe le Premier ministre de l'identité de la personne sélectionnée par le comité et le Premier ministre doit recommander la nomination de cette personne à la Reine.

b. Les trente-sept juges de la cour d'appel

Plus connus sous le nom de *Lord* ou *Lady Justice* (les hommes reçoivent le titre de Chevalier lorsqu'ils sont élevés à la fonction de juge, tandis que les femmes sont élevées au rang de Dames),

of the High Court of Justice (of not less than two years' standing) or among top barristers, Queen's Counsels, of not less than fifteen years' standing. Under the Courts and legal Services Act (CLSA) – section 71 – possession of a ten-year High Court qualification is required or a minimum ten-year legal experience as a barrister or a solicitor. They are nominated by the Queen on the advice of the Prime Minister and following the recommendation of the Lord Chancellor.

c. A hundred and eight High Court judges

Sometimes referred to as 'puisne judges', they are appointed to particular divisions depending on the amount of work needing to be conducted by that division. Yet, most of the Justices of the High Court work for the Queen's Bench Division. They are recruited among judges who have held a post as a circuit judge for two years or who benefit from a ten-year High Court qualification under the CLSA 1990. They are nominated by the Queen on the recommendation of the Lord Chancellor (LC) and ennobled when they are appointed to their positions – they are knighted.

d. Six hundred and thirty-nine Circuit judges

Although there is only one Crown Court, it is divided into six distinct circuits, which are serviced, in the main, by circuit judges who also sit as county court judges to hear civil cases. Under the CLSA 1990 circuit judges are recruited among barristers or solicitors of not less than ten years' standing, among recorders of not less than three years' standing or among district judges of not less than three years' standing. They are nominated by the Queen on the advice of the LC. They do not belong to Higher Courts therefore they have no tenure. Indeed, they can be removed by the LC for incapacity or misconduct.

e. District judges

A new category of judges was created following the implementation of the CLSA 1990. Section 74 states that registrars, assistant registrars, deputy registrars of the 'districts' of the county courts and of the 'district' registrars of the High Court would respectively bear the following titles: district judges, assistant district judges and deputy district judges. A seven-year general qualification is required under the CLSA 1990.

f. Recorders

They are part-time judges appointed to assist circuit judges in their functions in relation to criminal and civil law cases. They must possess a ten-year Crown Court or county court qualification under the CLSA 1990. They sit in the Crown Court at least twenty days per year; they are recruited on a temporary basis among barristers and solicitors of not less than ten years' standing. They are removable by the LC for misbehaviour, incapacity or if they failed to comply with their obligations as recorders.

2. The Lord Chancellor

The current holder of the office is Justice Minister Kenneth Clarke. He was appointed as Lord Chancellor and Secretary of State for Justice on 12 May 2010. His position, which is the gift of the Prime Minister (PM), is, by convention, a member of the Cabinet. The LC is chosen by the PM among his Cabinet ministers. He is therefore bound by the

ils étaient traditionnellement recrutés au sein des magistrats de la *High Court* disposant d'au moins deux ans d'ancienneté ou parmi les ténors du barreau, ceux ayant reçu le titre de Q.C. avec au moins quinze ans d'ancienneté. Conformément à l'article 71 de la loi de 1990 sur les tribunaux et les services juridiques, il faut soit avoir exercé devant la *High Court* pendant dix ans, soit posséder une expérience professionnelle d'au moins dix ans en tant que *barrister* ou *solicitor*. Ces juges sont nommés par la Reine sur les conseils du Premier ministre et les recommandations formulées par le Lord Chancelier.

c. Les cent huit juges de la *High Court*

Parfois appelés des « *puisne judges* », ils sont nommés dans des chambres spécifiques de la *High Court* en fonction du nombre de dossiers à traiter par cette chambre. Cependant, la plupart de ces juges siègent dans la chambre du banc de la Reine. Ils sont recrutés parmi les magistrats qui ont occupé la fonction de juge itinérant pendant deux ans ou qui ont exercé pendant dix ans devant la *High Court* conformément à la loi de 1990. Ils sont nommés par la Reine qui suit les recommandations faites par le Lord Chancelier et sont anoblis lorsqu'ils prennent leurs fonctions : ils sont faits chevaliers.

d. Six cent trente neuf juges de circuit (juges itinérants)

Bien qu'il n'existe qu'une seule juridiction supérieure de première instance au pénal du nom de *Crown Court*, celle-ci est divisée en six circonscriptions judiciaires distinctes, dans lesquelles se trouvent pour la plupart des juges itinérants qui siègent également dans les tribunaux de comté en matière civile. Conformément à la loi de 1990, les juges de circuit sont recrutés parmi les *barristers* ou les *solicitors* qui ont au moins dix d'ancienneté, et parmi les *recorders* ayant au moins trois ans d'ancienneté. Ils sont nommés par la Reine sur les conseils du Lord Chancelier. Ils ne font pas partie du corps des magistrats des juridictions supérieures ; de ce fait ils ne sont pas inamovibles. En effet, ils peuvent être démis de leurs fonctions par le Lord Chancelier pour incapacité ou mauvaise conduite.

e. Les juges de district

Une nouvelle catégories de juges fut créée à la suite de la mise en œuvre de la loi de 1990. L'article 74 dispose que les greffiers, les greffiers adjoints du greffe local et les greffiers adjoints de la *High Court* sont désormais appelés : juge de district, juge-assistant de district et juge de district adjoint. La loi de 1990 exige d'attester d'une pratique professionnelle de sept ans.

f. Les *recorders*

Il s'agit de juges à temps partiel nommés pour assister les juges itinérants dans leurs fonctions relatives aux affaires en matière pénale et civile. Conformément à la loi de 1990, ils doivent avoir exercé devant la *Crown Court* ou les *County Courts* pendant dix ans. Ils siègent dans la *Crown Court* au moins vingt jours par an ; ils sont recrutés de manière temporaire parmi les *barristers* et les *solicitors* ayant au moins dix ans d'ancienneté. Ils peuvent être renvoyés par le Lord Chancelier en cas de mauvaise conduite, d'incapacité ou pour cause de manquement à leurs obligations en tant que juges à temps partiel.

2. Le Lord Chancelier

Le Lord Chancelier en poste actuellement est le ministre de la justice, Kenneth Clarke. Il fut nommé le 12 mai 2010 *Lord Chancellor* et *Secretary of State for Justice*. Il est de coutume que sa fonction, qui est offerte par le Premier ministre, soit occupée par un membre du Cabinet. De ce fait, il est lié par le principe de responsabilité collective du gouvernement : il peut être renvoyé par le Premier

doctrine of collective responsibility he may be removed from office by the PM, and if removed he will be replaced when a new political party comes to power. He is in charge of a government department, the new Justice Department.

He was the Speaker of the House of Lords. As well as these executive and legislative functions, the LC was also traditionally a senior judge sitting in the judicial committees of the House of Lords and Privy Council and, on occasions presiding over these courts. The LC was the key post in the appointment of judges; the patronage he exercised both directly and indirectly through the appointment of judges was vast:

- All the lower ranks of the judiciary were appointed by the Queen on the direct recommendation of the LC.
- The higher ranks were appointed by the Queen on the recommendation of the PM (and on the indirect advice of the LC since he presented an informal shortlist of names to the PM).
- The procedure by which the LC advised the PM was confidential. He submitted a shortlist with two or three names in order of preference, with reasons for his preference. A PM departed from the recommendations of the LC only in the most exceptional case.

The special department of the LC used to keep files on all possible candidates and collect confidential information and opinion about those candidates from judges. These files were secret so that people involved did not know what was in them. This system of selection was seen as secretive and tending to perpetuate the white male dominance of the judiciary, as it relied on word of mouth and the confidential opinion of existing judges. So the judicial appointments system was criticised for the patronage it gave to a Cabinet minister (the LC), the secrecy that surrounded it, its dependence upon a network of personal friendships and recommendations, the perpetuation of a judiciary in its own image.

With the Constitutional Reform Act 2005 – which initially envisaged the abolition of the office of Lord Chancellor – the role of the LC as head of the judiciary passed to the Lord Chief Justice in April 2006 dividing functions between them as part of a much clearer separation of powers.

In England and Wales, the appointment procedure for judges has changed as a consequence of the Constitutional Reform Act 2005 – Part 4 – with the establishment of a new independent commission – the Judicial Appointments Commission (JAC) on April 2006. Appointments are supposed to be solely on the basis of merit and solely on the recommendation of the JAC. Members of the JAC are appointed by the Queen on the recommendation of the LC. It is composed of fifteen members – six of which must be lay members, five must be members of the judiciary, two must be members of the legal profession, one must be a tribunal member and one must be a lay magistrate. The commission makes recommendations to the LC and no one may be appointed whom the commission has not selected. The LC may reject a candidate, once, and ask the commission to reconsider, once. However, if the Commission maintains its original recommendation, the LC must appoint or recommend for appointment whichever candidate is selected.

The 2005 Act provides for the establishment of a Judicial Appointments and Conduct Ombudsman to whom unsuccessful candidates or disgruntled applicants for judicial office can apply for consideration of their case. If advertising – first issued in 1994 – was

ministre ; si tel est le cas, il sera remplacé lorsqu'un nouveau parti politique arrivera au pouvoir. Il est chargé d'un ministère, le nouveau ministère de la Justice.

Auparavant, il occupait le poste de *Speaker* à la Chambre des lords. En plus de ces fonctions exécutives et législatives, le LC était traditionnellement un haut magistrat qui siégeait dans les comités judiciaires de la Chambre des lords et du Conseil privé de la Reine, juridictions qu'il lui arrivait de présider. Le LC jouait un rôle clé dans le recrutement des juges par le biais duquel il exerçait directement ou indirectement une très grande influence :

- Tous les membres des juridictions inférieures étaient nommés par la Reine qui suivait directement les recommandations du LC.
- Les membres des juridictions supérieures étaient nommés par la Reine qui suivait les recommandations du Premier ministre (et les conseils indirects du LC puisque celui-ci présentait au Premier ministre une liste non officielle de noms déjà sélectionnés).
- La procédure par laquelle le LC conseillait le Premier ministre était secrète. Il soumettait une liste de deux ou trois noms pré-sélectionnés, classés par ordre de préférence, et les raisons d'un tel classement. Il était très rare qu'un Premier ministre ne suivît pas les recommandations formulées par le LC.

Le ministère dont dépendait le LC gardait un dossier sur tous les candidats possibles et réunissait des informations les concernant ainsi que l'avis des juges à leur sujet. Ces dossiers étaient confidentiels ; de ce fait, les personnes concernées ne savaient pas ce que contenaient ces dossiers. Ce système de sélection était perçu comme opaque, ayant tendance à perpétuer une domination du corps des magistrats par des individus de sexe masculin et blancs puisqu'il fonctionnait grâce au bouche à oreille et aux avis confidentiels des juges en poste. Par conséquent, le système de nomination des juges était critiqué du fait de l'influence exercé par un membre du Cabinet (le LC), de l'opacité d'un tel fonctionnement, de sa dépendance d'un réseau de connaissances et de recommandations personnelles et de l'absence de renouvellement parmi les membres de l'autorité judiciaire.

La loi de 2005 sur la réforme constitutionnelle, qui envisageait au départ la disparition complète du poste de Lord Chancelier, a permis de transférer la fonction de contrôle de l'autorité judiciaire détenue par le LC vers le *Lord Chief Justice* en avril 2006, et de répartir les rôles entre les deux personnes afin de mieux respecter le principe de séparation des pouvoirs.

En Angleterre et au pays de Galles, la procédure de nomination des juges a été modifiée par l'article 4 de la loi de 2005 sur la réforme constitutionnelle avec la mise en place en avril 2006 d'une nouvelle commission indépendante, la *Judicial Appointments Commission (JAC)*. Les nominations sont censées être uniquement fondées sur le mérite à la suite de recommandations formulées par cette commission. Ladite commission est composée de quinze membres, dont six sont des non juristes, cinq appartiennent au corps des magistrats, deux font partie des professions juridiques, l'un siège dans une juridiction spécialisée et un dernier est un juge non professionnel. La commission recommande des candidats au LC et nul ne peut être nommé juge sans avoir été sélectionné par la commission. Le LC a la possibilité de rejeter une candidature une fois et de solliciter l'examen d'une candidature par la commission une fois également. Cependant, si la commission conserve sa recommandation initiale, le LC est dans l'obligation de nommer ou de recommander pour nomination le candidat sélectionné quel qu'il soit.

Conformément à la loi de 2005 fut créée la fonction de *Judicial Appointments and Conduct Ombudsman* à qui les candidats déboutés ou mécontents peuvent s'adresser pour examiner leur dossier. Si la méthode de publication des postes à pouvoir, employée pour la première fois en 1994,

seen as a practical step to address the matter of gender and race imbalance among the present judicial body, the undervaluing of women's skills continues to lead to their absence in the highest echelons, whether in the judiciary, law faculties or amongst partners and Queen's Counsels. Currently, there is one woman in the UK supreme Court, three in the Court of Appeal and only ten out of a hundred and eight in the High Court. Solicitors, women and ethnic minorities remain largely excluded from the ranks of the higher judiciary.

3. The Lord Chief Justice (of England and Wales)

The current Lord Chief Justice is Sir Igor Judge who succeeded Lord Phillips of Worth Matravers in October 2008. He is the president of the Criminal Division of the court of Appeal and formally the senior judge in the Queen's Bench Division of the High Court. Since April 2006 he has also been the president of the Courts of England and Wales and Head of the Judiciary of England and Wales. He is responsible for representing the views of the judiciary to Parliament, the Secretary of State for Justice and Ministers of the Crown.

Second in judicial importance to the Lord Chief Justice is the Master of the Rolls (Lord Neuberger of Abbotsbury succeeded Lord Clarke in October 2009) who is President of the Civil Division of the Court of Appeal and is responsible for the allocation and organisation of the work of the judges of the Division, as well as presiding in one of its courts.

D. Devolution in the United Kingdom

Many French people find it hard to study the United Kingdom, mistaking it for Britain or even England. The complexity of the words used to describe these different entities reflect that of the kingdom. First of all, it is necessary to distinguish between the words: the United Kingdom of Great Britain and Ireland was set up in 1801 after the Union between Britain, then made up of England, Wales and Scotland, on the one hand, and Ireland, on the other hand. Britain itself had been founded in 1707 following the Union between England and Wales, on the one hand, and Scotland, on the other hand. There was then one sovereign and one parliament for the whole Britain.

1. Britain

For centuries, Britain has been considered as a strong unitary state, i.e. one in which power was centralized in London, but in fact it is rather a union state in which the British state has left some relative degree of self-government to the elements constituting the union, depending on periods. As time passed, the call for devolution (the granting by the centre of some degree of self-government to the periphery) was stronger and stronger until it became a major political issue in the 1970s. Two nationalist parties had been created in the interwar period: Plaid Cymru in Wales in 1925 and the Scottish Nationalist Party in Scotland nine years later. Both met with limited success until the late 1960s since Plaid Cymru's leader won a seat in Parliament (1966) and the SNP a by-election the following year. The British government quickly realized it would be necessary to grant some form of self-government to the periphery, especially the Labour Government led by James Callaghan. Two bills were thus introduced in 1978 but rejected in two referendums, one in Scotland and another in Wales, in 1979. Nothing much happened for almost two decades but the

fut considérée comme un moyen pratique de régler le problème des inégalités de sexe et de race au sein du corps actuel des magistrats, la sous-évaluation des compétences des femmes perdure et contribue à leur absence dans les plus hautes sphères que ce soit chez les juges, dans les facultés de droit ou au sein des avocats exerçant en cabinet et des praticiens de renom. De nos jours, une seule femme siège au sein de la nouvelle Cour suprême, trois magistrates à la cour d'appel et seulement dix sur les cent huit juges de la *High Court*. Les *solicitors*, les femmes et les minorités ethniques restent largement exclus des rangs de la magistrature siégeant dans les juridictions supérieures.

3. Le Lord Chief Justice (de l'Angleterre et du pays de Galles)

Le *Lord Chief Justice* actuel est Sir Igor Judge qui succéda à Lord Phillips de Worth Matravers en octobre 2008. Il est le responsable de la chambre criminelle de la cour d'appel et anciennement le juge le plus important de la Chambre du Banc de la Reine de la *High Court*. Depuis avril 2006 il supervise également l'organisation juridictionnelle de l'Angleterre et du pays de Galles et il est à la tête du système de justice civile et pénale. C'est lui qui représente le point de vue de l'autorité judiciaire devant le Parlement, le ministre de la justice et les autres ministres de la Couronne.

Placé en seconde position après le *Lord Chief Justice* se trouve le *Master of the Rolls* (Lord Neuberger of Abbotsbury succéda à Lord Clarke en octobre 2009) qui est le juge à la tête de la chambre civile de la cour d'appel et qui est responsable de l'attribution et de l'organisation des dossiers entre les juges de la chambre, dont il préside une des juridictions.

D. La dévolution au Royaume-Uni

Beaucoup de Français ont du mal à étudier le Royaume-Uni, qu'ils confondent avec la Grande-Bretagne, voire l'Angleterre. La complexité des mots employés pour décrire ces différentes entités reflète la complexité du royaume lui-même. Il est tout d'abord nécessaire de faire la différence entre les diverses expressions : le Royaume-Uni de Grande-Bretagne et d'Irlande fut fondé en 1801 par l'union entre, d'une part, la Grande-Bretagne, composée de l'Angleterre, du pays de Galles et de l'Écosse et, d'autre part, l'Irlande. La Grande-Bretagne elle-même avait été créée en 1707, fruit de l'union entre, d'une part, l'Angleterre et le pays de Galles et, d'autre part, l'Écosse. Il n'y eut alors qu'un seul souverain et un seul parlement pour toute la Grande-Bretagne.

1. La Grande-Bretagne

Pendant des siècles, la Grande-Bretagne a été considérée comme un état fort et centralisé, c'est-à-dire un état où les pouvoirs étaient concentrés à Londres, mais en réalité il s'agit plutôt d'un état-union dans lequel l'état britannique a laissé une relative autonomie aux éléments constitutifs de l'union, à des degrés différents en fonction des époques. Avec le temps l'appel à la dévolution (le fait pour le gouvernement central d'accorder une certaine autonomie aux institutions périphériques) s'est fait de plus en plus pressant jusqu'à ce qu'il devienne une question politique majeure dans les années soixante-dix. Deux partis nationalistes avaient vu le jour pendant l'entre-deux-guerres : *Plaid Cymru* au pays de Galles en 1925 et le *Scottish Nationalist Party*, parti nationaliste écossais (SNP) en Écosse neuf ans plus tard. Les deux partis connurent un succès limité jusqu'à la fin des années soixante puisque le chef de *Plaid Cymru* remporta un siège au Parlement en 1966 et le SNP une élection partielle l'année suivante. Le gouvernement britannique, tout particulièrement celui mené par le travailliste James Callaghan, se rendit rapidement compte qu'il serait nécessaire d'accorder une forme d'autonomie à la périphérie. Deux projets de loi furent alors proposés en 1978 mais rejetés lors de deux référendums organisés en 1979, l'un en Écosse, l'autre au pays de Galles en 1979. Pendant près de deux décennies rien ne se passa mais la question gagna de nouveau du terrain dans les années quatre-vingt-dix. Le principe de

issue of devolution once again gained some ground in the 1990s. It was endowed by the Labour Party which inscribed it in its 1992 and 1997 manifestos. The devolution scheme was supported by Tony Blair who, during the 1997 campaign, promised to hold a quick referendum on devolution if his party won the general election. Labour won a landslide victory in 1997 while the Conservatives suffered a humiliating defeat, unable to get a single seat either in Scotland or Wales. Once Tony Blair had been officially called by The Queen to form a government, the referendums promised during the campaign were held in September 1997.

2. Scotland

In Scotland, nearly ¾ of the electorate voted in favour of a Scottish Parliament and the British Parliament adopted the Scotland Act in 1998. This reinstituted a 129-member Scottish Parliament, endowed with primary legislative powers, as well as limited tax-raising powers. This means that the Scottish institutions have the power to vote their own laws in all matters of domestic policy. Members of the Scottish Parliament (MSPs) must be elected every four years. The first elections took place in May 1999, with Labour winning 56 seats out of 129, and the Scottish nationalists not far behind with 35 seats. After a surprising setback in 2003, the SNP obtained the highest number of MSPs in 2007, with one seat more than Labour. It formed a minority government with SNP leader, Alex Salmond, as First Minister (the head of the Scottish Parliament, not to be mixed up with the Prime Minister, leading the U.K.). The SNP had promised to hold a referendum on Scottish independence by the end of 2010, but it is postponed due to legal difficulties.

3. Wales

In Wales, the 1997 referendum over the setting up of a Welsh assembly produced a very close result since only 50.3% of the electorate voted for the devolution scheme and only 50.1% of voters turned out to vote in this consultation. This proved detrimental for the new Welsh institutions, which had difficulties in establishing their legitimacy and credibility. Such results can be explained by the limited powers held by the National Assembly for Wales set up by the Government of Wales Act 1998. The sixty-member assembly only had secondary legislative powers, which means it could only adapt British laws voted in London to Wales, but not vote its own laws, and only in the devolved powers, that is to say fields of government left to the periphery by the central government such as education, health, housing, water and the environment. Elections would also take place every four years. The National Assembly's powers were extended with the Government of Wales Act 2006 which granted the Welsh institutions the power to vote Assembly Measures, in other words it can now vote its own laws but with London's approval. The first Assembly Members (AMs) were elected in May 1999: the Labour Party failed to obtain a majority and had to form a minority government. It recovered in 2003 but failed again in 2007. This led to the formation of a coalition government between the Labour Party and Plaid Cymru, with Labour's Carwyn Jones serving as the First Minister since December 2009 and Ieuan Wyn Jones, the leader of Plaid Cymru, as Deputy First Minister. The coalition agreement contained a promise to hold a referendum on a Welsh Parliament, on the same model as the Scottish one, before 2011, the date of the next election. The referendum is to be held on March 3, 2011. This referendum was to be held on March, 3 2011

dévolution fut consacré par le parti travailliste qui l'inscrivit dans ses manifestes de 1992 et 1997. Le programme de dévolution reçut le soutien de Tony Blair qui, pendant la campagne électorale de 1997, promit d'organiser rapidement un référendum sur la dévolution dans l'éventualité où son parti gagnerait les élections législatives. En 1997, le parti travailliste remporta une victoire écrasante tandis que les Conservateurs subissaient une défaite cuisante, incapables d'obtenir le moindre siège en Écosse et au pays de Galles. Une fois que Tony Blair fut officiellement appelé par la Reine pour former un gouvernement, les référendums promis pendant la campagne eurent lieu en septembre 1997.

2. L'Écosse

En Écosse, près des trois quarts de l'électorat se prononça en faveur d'un Parlement écossais et Westminster adopta en 1998 la loi sur l'Écosse qui instaura de nouveau un Parlement écossais composé de cent vingt-neuf membres et doté de pouvoirs législatifs primaires ainsi que de pouvoirs fiscaux limités. Ceci signifie que les institutions écossaises ont le pouvoir de voter leurs propres lois relatives à toutes les questions de politique intérieure. Les membres du Parlement écossais (MSPs) doivent être élus tous les quatre ans. Les premières élections, qui eurent lieu en mai 1999, virent les Travaillistes emporter cinquante-six sièges sur cent vingt-neuf, les Nationalistes écossais n'étant pas loin derrière avec trente-cinq sièges. Après un surprenant revers subi en 2003, le SNP obtint le plus grand nombre de sièges en 2007, avec un de plus que les Travaillistes. Il forma un gouvernement minoritaire mené par le chef du SNP, Alex Salmond, qui prit le titre de *First Minister* (le chef du Parlement écossais, à ne pas confondre avec le Premier ministre qui dirige le Royaume-Uni). Le parti nationaliste écossais avait promis la tenue d'un référendum sur l'indépendance de l'Écosse d'ici la fin de l'année 2010, mais celui-ci a été repoussé pour des raisons juridiques.

3. Le pays de Galles

Au pays de Galles, les résultats du référendum sur la création d'une assemblée qui se tint en 1997 furent très serrés puisque seulement 50.3 % de l'électorat votèrent en faveur de la dévolution avec un taux de participation lors de cette consultation de l'ordre de 50.1%, ce qui s'avéra préjudiciable pour les nouvelles institutions galloises qui eurent du mal à asseoir leur légitimité et leur crédibilité. De tels résultats peuvent s'expliquer par les pouvoirs limités détenus par l'Assemblée nationale pour le pays de Galles créée par la loi de 1998 sur le gouvernement du pays de Galles. L'Assemblée, qui compte soixante membres, n'a que des pouvoirs législatifs secondaires, ce qui signifie qu'elle peut uniquement adapter au pays de Galles les lois britanniques votées à Londres sans pouvoir voter ses propres lois, et ce seulement dans le cadre de pouvoirs dévolus, c'est-à-dire dans des domaines que le gouvernement central laisse à la périphérie tels que l'éducation, la santé, le logement, l'eau et l'environnement. Des élections auront lieu également tous les quatre ans. Les pouvoirs de l'Assemblée galloise furent étendus conformément à la loi de 2006 sur le gouvernement du pays de Galles qui accorda aux institutions galloises le pouvoir de voter des mesures prises par l'Assemblée ; en d'autres termes, elle peut désormais voter ses propres lois mais avec l'accord de Londres. Les premiers membres de l'Assemblée galloise (AMs) furent élus en mai 1999 : le parti travailliste n'ayant pas réussi à obtenir une majorité, il dut former un gouvernement minoritaire. En 2003, il retrouva une majorité, perdue de nouveau en 2007. Cette situation conduisit à la formation d'un gouvernement de coalition entre le parti travailliste et *Plaid Cymru* sous les ordres du Travailliste, Carwyn Jones, au poste de *First Minister* depuis décembre 2009 et Ieuan Wyn Jones, le chef de file de *Plaid Cymru*, au poste de *Deputy First Minister*. L'accord de coalition contenait la promesse de tenir un référendum sur la question d'un Parlement gallois sur le modèle du Parlement écossais avant 2011, date des prochaines élections. Ce référendum était prévu le 3 mars 2011

and was indeed held that day. 63.5% of voters supported full law-making powers for the National Assembly in the 20 devolved powers, whereas 36.5% answered no to the question asked. The turnout remained worryingly low since only 35.4% of Welsh voters voiced their opinions.

4. Northern Ireland

By far the most significant change in Britain's constitutional settlement in recent years has been the creation of an assembly in Northern Ireland, after years of trouble. Historically, Ireland had been an English colony until the end of the War of Independence, when the six counties of the north-east remained part of the U.K. while the twenty-six others formed the Irish Free State before becoming the Republic of Ireland in 1949. Until 1972, Northern Ireland was a self-governing entity with its own government and Parliament, but the escalation of violence led the British government to suspend Northern Ireland's institutions. After two decades of violence and unsuccessful attempts to implement a peace process, Tony Blair allowed Sinn Fein, the IRA (Irish Republican Army)'s political branch, and its leader Gerry Adams, to join the peace talks. This led to the 1998 Good Friday peace agreement, endorsed in a referendum held in May 1998, and the election of a hundred-and eight-member Parliament. The first elections were organised in June 1998 and supporters of the peace agreement won 80 seats. Due to everlasting problems, the Northern Irish institutions were suspended no less than four times between 2000 and 2007. In spite of this, the final stage of the devolution process took place in April 2010 with the long-awaited transfer of full policing and justice powers to Northern Ireland. Peter Robinson has been First Minister since May 2008.

To conclude, the Celtic periphery has obtained a form of self-government, which, in some political analysts' minds, could be the first step towards the break-up of the union, thus meaning the end of the United Kingdom.

E. The United Kingdom 2010 General Election

The General Election that was held on May 6, 2010 saw over 29 million votes cast across six hundred and fifty constituencies with a turnout of 65 %. The Conservative leader David Cameron and his Liberal counterpart Nick Clegg campaigned both on the need for change and on the urgency to put an end to what they considered as a *"Waste"* of public money under New Labour aggravating the budget deficit. The Conservatives campaigned on *"Big Society"* that is to say giving more say to citizens themselves. The Liberal Democrats for their part focused on decentralisation. New Labour, which could not compete on the change agenda unlike the other two main parties, campaigned on *"fairness and social justice"* arguing against the six million pound cuts proposed by the Conservatives.

The precise final results were as follows:

Political parties	Conservatives	Labour	Lib Dems	Others
Percentage of votes	36.1	29	23	11.9
Number of seats	306	258	57	28
Percentage of seats	47	40	9	4

et il a effectivement eu lieu à cette date. 63,5 % des votants se déclarèrent en faveur de l'élargissement des pouvoirs de l'Assemblée galloise dans les 20 domaines dévolus, et 36,5 % contre. La mobilisation resta cependant faible puisque le taux de participation dépassa à peine 35,4 %.

4. L'Irlande du Nord

Le changement de loin le plus significatif dans le fonctionnement constitutionnel de la Grande-Bretagne de ces dernières années a été la création d'une assemblée en Irlande du Nord après des années de conflit. Historiquement, l'Irlande fut d'abord une colonie anglaise jusqu'à la fin de la guerre d'indépendance lorsque les six comtés de la région nord-est restèrent au sein du Royaume-Uni tandis que les vingt-six autres formèrent l'état irlandais libre, qui devint en 1949 la République d'Irlande. Jusqu'en 1972, l'Irlande du Nord fut une entité autonome avec son propre gouvernement et son propre parlement, mais l'escalade de la violence conduisit le gouvernement britannique à suspendre les institutions de la région. Après vingt ans de violence et d'échecs pour mettre en place un processus de paix, Tony Blair autorisa le *Sinn Fein*, la branche armée de l'IRA (*Irish Republican Army*) et son chef, Gerry Adams, à rejoindre les pourparlers de paix. Ceci conduisit en 1998 à l'accord du Vendredi saint, entériné en mai 1998 lors d'un référendum et l'élection d'un Parlement de cent huit membres. Les premières élections furent organisées en juin 1998 durant lesquelles les partisans de l'accord de paix gagnèrent quatre-vingts sièges. En raison de sempiternels problèmes, les institutions de l'Irlande du Nord furent suspendues pas moins de quatre fois entre 2000 et 2007. Malgré tout, la dernière étape du processus de dévolution eut lieu en avril 2010 grâce au transfert attendu depuis longtemps des pleins pouvoirs dans les domaines législatif et judiciaire vers l'Irlande du Nord. Peter Robinson occupe le poste de *First Minister* depuis mai 2008.

En conclusion, la périphérie celtique a obtenu une forme d'autotomie qui, selon des analystes politiques, constituerait la première étape vers le démantèlement de l'union, et donc signifierait la fin du Royaume-Uni.

E. Les élections législatives de 2010 au Royaume-Uni

Au cours des élections législatives qui eurent lieu le 6 mai 2010, près de vingt-neuf millions d'électeurs votèrent dans les six cent cinquante circonscriptions électorales, avec un taux de participation de 65 %. Le chef du parti conservateur, David Cameron, tout comme son homologue libéral, Nick Clegg, menèrent campagne sur les thèmes du changement nécessaire et de l'urgence à mettre un terme à ce qu'ils considéraient comme un « *gaspillage* » de l'argent public sous le gouvernement du *New Labour* qui avait aggravé le déficit du budget. Les Conservateurs firent campagne avec le slogan « *Big Society* », c'est-à-dire donner davantage la parole aux citoyens eux-mêmes. Les Libéraux Démocrates, pour leur part, se concentrèrent sur la décentralisation. Le *New Labour*, qui ne pouvait pas rivaliser avec un programme prônant le changement contrairement aux deux autres partis, mena campagne sur les thèmes de « *l'équité et de la justice sociale* », critiquant les coupes budgétaires à hauteur de six millions proposées par les Conservateurs.

Voici le détail des résultats définitifs :

Partis politiques	Conservateurs	Travaillistes	Libéraux Démocrates	Autres
Pourcentage des votes	36,1	29	23	11,9
Nombre de sièges	306	258	57	28
Pourcentage des sièges	47	40	9	4

The 2010 figures show that no single party managed to get past the post, i.e. to get a simple majority, something that had not happened for the past thirty-six years. Election results illustrate that a party admittedly with 47 % of seats but only 36 % of the popular vote can form a government and rule the country thanks to a coalition with a party that came third and obtained only 9 % of seats and 23 % of popular vote.

On May 6, 2010 Gordon Brown tried to form a coalition government, with the Liberal Democrats but also with other smaller parties including nationalist parties in order to have a majority of seats in the House of Commons. It became clear that there was no other option but a Hung Parliament, that is to say a Parliament in which no party has an overall majority, which means that no party has more than half of MPs in the House of Commons. Following a Hung Parliament the incumbent Prime Minister has either to resign or face a potential loss of the vote of confidence in Parliament. The Queen asked first the incumbent Prime Minister Gordon Brown if he could form a government, but after a few days of unsuccessful negotiations with the Liberal Democrats, Gordon Brown went to Buckingham Palace on May 11 to tender his resignation to the Queen as both leader of the Labour Party and Prime Minister. The Queen then invited David Cameron, the leader of the second party that had won most seats to form the new government.

A full coalition government emerged between the Conservatives and the Liberal Democrats. Together, the Conservatives and the Liberal Democrats have 59 % of the votes. The new Conservative – Liberal Democrat Cabinet is a huge one as it includes twenty-three full members, five of them are Liberal Democrats. Nick Clegg, the Deputy Prime Minister, whose office will be based in the Cabinet Office in Whitehall, has been allocated a special responsibility for political and constitutional reform. He will take over responsibility for political and constitutional reforms from the Justice Secretary.

The Liberal Democrats and the Conservatives forming the coalition reached an agreement on May 11, 2010 – which was then published on May 20 in an official document entitled the *"Five-Year programme"*. The agreed agenda includes on the one hand a new emergency budget, on the other hand, a more divisive political reform programme. It provides for a programme of reforms to the way Parliament operates and holds the government to account. For the time being there is no fixed election in the United Kingdom unlike America – one does not know when the election will be. The power of the Prime Minister, acting by use of the Royal Prerogative, to dissolve Parliament within the maximum length of a Parliament of five years has never been addressed by statute.

Yet, as it is stated in the *"Coalition Agreement"* issued on May 11, 2010 this will change as there will be fixed-term parliaments. The next general election will therefore be held on the first Thursday of May 2015. The effect is to remove the Prime Minister's power to determine the date of the general election within the conventional five-year term and transfer it to the House of Commons. Parliaments will run for five years and will only be dissolved if the government loses a no-confidence or dissolution motion by a 'super majority' – which means a majority of 55 %.

The Coalition Agreement plans a referendum bill on electoral reform including provision for the introduction of the alternative vote – guaranteeing fewer and more equally sized constituencies in the event of a positive result in the referendum. This new voting system would break the mould of British politics, that is to say the two-party system but

Les chiffres de 2010 indiquent que pas un seul parti n'a réussi à franchir la ligne, c'est-à-dire obtenir la majorité simple, ce qui ne s'était pas produit depuis 36 ans. Les résultats des élections illustrent le fait qu'un parti à qui l'on attribue 47 % des sièges mais seulement 36 % du vote populaire peut former un gouvernement et diriger le pays grâce à une coalition établie avec une formation arrivée en troisième position et gratifiée de seulement 9 % des sièges et 23 % du scrutin populaire.

Le 6 mai 2010, Gordon Brown tenta de former un gouvernement de coalition avec les Libéraux Démocrates mais également avec d'autres partis plus petits parmi lesquels les partis nationalistes afin d'obtenir une majorité de sièges à la Chambre des communes. Il devint clair qu'il n'y avait pas d'autre option que celle d'un parlement suspendu, c'est-à-dire un parlement dans lequel aucun parti ne dispose d'une majorité absolue, ce qui signifie qu'aucun parti n'a plus de la moitié des membres du Parlement dans la Chambre des communes. À la suite d'un parlement suspendu, le Premier ministre sortant doit soit démissionner soit faire face à une défaite possible lors d'une motion de censure au Parlement. La Reine demanda tout d'abord à Gordon Brown, Premier ministre sortant, s'il pouvait former un gouvernement mais après quelques jours passés à négocier en vain avec les Libéraux Démocrates, Gordon Brown se rendit à Buckingham Palace le 11 mai pour remettre à la Reine sa démission des fonctions de chef du parti travailliste et de Premier ministre. Celle-ci invita alors David Cameron, le chef de file du second parti à avoir remporté le plus de sièges, à former le nouveau gouvernement.

Un vrai gouvernement de coalition vit le jour rassemblant les Conservateurs et les Libéraux Démocrates. Ensemble les deux partis totalisent 59 % des votes. Le nouveau Cabinet conservateur et libéral démocrate est très important, puisqu'il est composé de vingt-trois membres à part entière, cinq d'entre eux étant des Libéraux Démocrates. Nick Clegg, le Premier ministre adjoint dont le bureau sera situé dans celui du Cabinet à Whitehall, endossa la responsabilité toute particulière de mener les réformes politiques et constitutionnelles, responsabilité transférée du ministre de la Justice.

Les Libéraux Démocrates et les Conservateurs qui formaient la coalition signèrent le 11 mai 2010 un accord qui fut ensuite publié le 20 mai dans un document officiel intitulé le *« Programme quinquennal »*. Dans ce programme qui fit consensus figurent, d'une part, un nouveau budget d'urgence et, d'autre part, un programme plus controversé de réformes politiques. Il prévoit de réformer le mode de fonctionnement du Parlement et la manière dont il oblige le gouvernement à rendre des comptes. Contrairement aux États-Unis, il n'y a pour l'instant pas de date fixe pour les élections au Royaume-Uni : on ne sait pas quand est-ce que les élections auront lieu. Le pouvoir du Premier ministre, qui agit au nom d'une prérogative royale, de dissoudre le Parlement au bout de cinq ans, durée maximale d'une législature, n'a jamais été inscrit dans la loi.

Cependant, cela changera puisqu'il y aura des législatures à durée déterminée comme indiqué dans l'accord de coalition publié le 11 mai 2010. Ainsi, les prochaines élections législatives se tiendront le premier jeudi de mai 2015. Ceci a pour effet de priver le Premier ministre de son pouvoir de décider de la date des élections législatives dans un délai traditionnel de cinq ans et de transférer ce pouvoir à la Chambre des communes. Les législatures dureront cinq ans et le Parlement ne sera dissout que si le gouvernement perd une motion de censure ou motion de dissolution votée à la majorité absolue, c'est-à-dire à 55 %.

L'accord de coalition envisage un projet de référendum sur les réformes électorales, parmi lesquelles l'introduction d'un vote alternatif, qui garantit moins de circonscriptions, de taille plus similaire en cas de victoire du « oui » au référendum. Le nouveau mode de scrutin casserait le moule du système politique britannique, c'est-à-dire le bipartisme, mais n'engagerait pas les parlements à venir,

would not bind future parliaments nor change the Constitution because a motion introducing the change could be amended or repealed by a simple majority.

So, after thirteen years in power the Labour party has become the main and only national opposition party headed by Ed Miliband whose election was officially announced at the annual conference of the Labour party on September 25, 2010.

The 2010 General Election raised an important question about the future of the two-party system. One might wonder whether the coalition government that emerged is a temporary phenomenon that will end with the current coalition or whether it illustrates a fundamental change from a two-party system to a pluralist or multi-party system enabling small parties to be better represented in Parliament.

ni ne changerait la Constitution car une motion introduisant le changement pourrait être modifiée ou annulée à la majorité simple.

Donc, après treize ans au pouvoir, le parti travailliste est devenu le principal et unique parti d'opposition, dirigé par Ed Miliband, dont l'élection à la tête du parti fut officiellement annoncée lors de la conférence annuelle du parti travailliste, le 25 septembre 2010.

Les élections législatives de 2010 soulevèrent une importante question concernant l'avenir du bipartisme. On pourrait se demander si le gouvernement de coalition qui a vu le jour est un phénomène temporaire qui prendra fin avec la coalition actuelle, ou s'il illustre une transformation fondamentale du bipartisme en un système pluraliste ou à plusieurs partis, permettant aux petites formations politiques d'être mieux représentées au Parlement.

Troisième partie

L'épreuve orale
ministère de la Justice

First steps in the law, Geoffrey Rivlin, 2002

I
Caractéristiques de l'épreuve

Concours d'entrée à l'École Nationale de la Magistrature

Ces informations tiennent compte de la réforme entrée en vigueur progressivement en 2009-2010. L'oral de langue vivante consiste en une épreuve d'admission, une fois les écrits réussis. Le calendrier adopté pour le déroulement des oraux fait que cette épreuve est l'une des premières à être passée par le candidat en général fin septembre, début octobre. Le grand changement est qu'à partir de la session 2010, la seule langue au programme de cette épreuve obligatoire est l'anglais. Elle est dotée d'un coefficient 3, c'est-à-dire moitié moins que l'épreuve de mise en situation et d'entretien avec le jury, mais presque autant que les autres épreuves orales de droit (coef. 4).

Les membres du jury sont au nombre de deux. Il s'agit, la plupart du temps, d'examinateurs « spécialisés », c'est-à-dire des non magistrats. À l'avenir, les membres du jury comprendront des magistrats bilingues ou pour certains anglophones. Pour l'heure, ce sont des enseignants d'anglais dont l'un des deux est anglophone. C'est pour cela qu'il est important, pendant l'année, de se familiariser avec différentes sortes d'accent (anglais, américain, écossais, irlandais…). Leur objectif est de tester et d'évaluer la capacité du candidat à maîtriser cette langue étrangère ; en général, l'un des deux examinateurs se concentre davantage sur le fond (idées, argumentation…) tandis que l'autre porte une attention particulière à la forme (erreurs de grammaire, déplacements d'accents, problème de vocabulaire, richesse lexicale…). En outre, il n'y pas un seul et même jury pour tous les candidats, mais il peut y avoir jusqu'à une dizaine de jurys différents, donc autant d'approches variées qui ne doivent en rien dérouter les candidats car tous les examinateurs sont tenus de suivre les instructions officielles, notamment au niveau du temps de préparation et celui de passage.

Concours de recrutement des directeurs des services pénitentiaires

Voir : Déroulement de l'épreuve / Concours à la fonction de commissaire de police de la police nationale.

Concours de recrutement des lieutenants pénitentiaires

Voir : Déroulement de l'épreuve / Concours à la fonction de gardien de la paix pour la partie conversation.

Voir : Méthodologie de la traduction ou comment réussir la partie traduction de l'épreuve / Concours d'entrée à l'École des Officiers de la Gendarmerie pour la partie traduction.

Concours de recrutement des greffiers et greffiers en chef des services judiciaires

Voir : Méthodologie de la traduction ou comment réussir la partie traduction de l'épreuve / Concours d'entrée à l'École des Officiers de la Gendarmerie.

II
Déroulement de l'épreuve

La durée totale de l'épreuve est de trente minutes se répartissant ainsi :

- Quinze minutes de préparation pour étudier un texte de presse de quatre cents mots environ en anglais.
- Quinze minutes d'entretien durant lesquelles le candidat est invité à :
  - Faire un compte-rendu oral du contenu du texte (ce qui correspond à un résumé synthétique des idées principales contenues dans la coupure de presse).
  - Développer un thème (parmi les points de l'article, ou un autre thème en lien avec l'article ou un thème général).
- Il n'y a plus de traduction comme c'était le cas auparavant.

Les exigences et les attentes des membres du jury sont désormais centrées sur un échange oral qui doit s'instaurer entre le candidat et le jury. Ainsi, la partie « développement d'un thème » ne pourra en aucun cas faire l'objet d'une récitation d'un texte préparé à l'avance ou appris par cœur, car les examinateurs privilégient l'instauration d'un dialogue avec questions réponses à propos du thème choisi par le candidat. Il s'agit avant tout chose de démontrer que le futur magistrat est capable de communiquer dans la langue anglaise tout en ayant quelques connaissances solides à propos des cultures du monde anglophone.

III
Entraînement spécifique et préparation

L'épreuve orale d'anglais présente deux temps forts à propos desquels le candidat doit être particulièrement attentif. Il s'agit de l'introduction et de la conclusion qui sont, ne l'oublions pas, la première et la dernière impression que le candidat laisse au jury. Ainsi, savoir bâtir une bonne introduction est une compétence à acquérir et à développer tout au long de l'année de préparation. En effet, l'introduction ne se réduit pas simplement à une présentation des informations extra-textuelles qui gravitent autour du texte (date de publication, source, nom du journaliste, titre, thématique générale) ; il s'agit aussi et surtout de poser une véritable problématique de lecture qui sert ensuite de fil directeur à toute l'analyse qui en sera faite. De même, et contrairement à d'autres sujets de droit, les candidats sont tenus de faire une conclusion, car le résumé-commentaire d'un texte para-juridique reste un exercice littéraire.

Le document suivant intitulé *« Fiche modèle : plan d'oral »* est un brouillon-type vierge. Il est recommandé aux candidats de le photocopier et de l'utiliser toutes les fois où ils participeront à un oral d'entraînement. De cette manière, le jour J, ils pourront reproduire ce document-type sur leur brouillon s'ils le souhaitent.

FICHE MODÈLE PLAN D'ORAL (CONCOURS D'ENTRÉE À L'ÉCOLE NATIONALE DE LA MAGISTRATURE)

1. INTRODUCTION DU TEXTE ET DU CONTEXTE

---

2. ANNONCE DU PLAN

---

3. COMPTE-RENDU

---

4. TRANSITION

---

5. COMMENTAIRE

---

6. CONCLUSION

IV
Sujets et corrections proposés

Text 1 : Britain's top judges leave home

The new Supreme Court
Separation of powers

THE start of the legal year in Britain is traditionally marked by a service at Westminster Abbey, to invoke the aid of the deity for the task ahead. On October 1st one tradition was broken when 11 judges emerged for the first time from the made-over Middlesex Guildhall to attend the event. Britain has a new Supreme Court.

The move amounts to more than a few hundred metres and a new decor. Until now Britain's ultimate court has been constituted as a committee in the House of Lords. Its judgments were dressed up as votes on committee reports and handed down in House of Lords sittings, although only law lords took part. The indistinct divide between the highest court in the land and the upper house of Parliament has long baffled both British and foreign observers. "This is the last step in divorcing the law lords from any connection with the legislative business of the House of Lords," says Lord Phillips, the president of the new court.

That Britain is only now severing ties between Parliament and the judiciary is more than a touch ironic. The principle that courts must be seen to be independent was a common-law export, its ascendancy owing much to the glowing portrayal of Britain's separation of powers by the eighteenth-century political philosopher, Montesquieu. But Montesquieu missed the ties that continued to bind Britain's powers together. The current reform comes four years after the undoing of another such tie, the combination of Cabinet and judicial roles in the office of Lord Chancellor.

Legal circles are largely unmoved by what they see as a change in the form rather than the substance of justice. But one spot on the Supreme Court bench is not yet filled, after a law lord chose not to take it. Lord Neuberger fears the creation of the new court may encourage judges to assert their authority against Parliament in a way that they did not when they were members of it.

In Britain, unlike America, the Supreme Court cannot strike down statutes as unconstitutional because Parliament itself is supreme. It can and will, however, send back to Parliament laws that contravene the European Convention on Human Rights, incorporated into British law in 1998. The law lords had begun to do that, and members of the Supreme Court may well be emboldened to do more.

With Britain's constitutional compact in flux, there are other questions about how the new court will change centuries-old understandings. One, says Andrew Le Sueur, an expert in public law at Queen Mary, University of London, is the degree to which Scotland, which has its own legal system, will defer to it. A report on the matter is due in November, but a final answer could take a lot longer. Another is how much the Supreme Court will be called upon to police devolution. So far, few such disputes have come before the courts, but questions about the scope of powers devolved to Scotland and Wales will undoubtedly arise.

The Economist, Oct. 1st, 2009 © The Economist

A – ORAL PRESENTATION

1 – INTRODUCTION DU TEXTE ET DU CONTEXTE

Phrase d'attaque :

"Britain has a new Supreme Court" (l. 4-5) – letting out a cry of triumph, **the British weekly magazine *the Economist*** celebrates this new court that has replaced the Appellate Committee of the House of Lords – a committee of noblemen that served as the highest court for much of Britain – in an article devoted to it.

Nature et source du document :

The current document which is **a magazine article** was written just two days after the start of the British Legal Year – on October 1 2009 – and after the official opening of the new Supreme Court (on the same day). **As the journalist of *The Economist* explains it at the very beginning of their article**, *"the start of the legal year in Britain is traditionally marked by a service at Westminster Abbey"* (l. 1-2). Indeed, Great Britain is a country where traditions are very important and punctuate the British political and institutional – **one can think for example of** the last official opening of Parliament which took place on Tuesday 25 May 2010. The legal year starts with a ceremony dating back to the Middle Ages, in which judges arrive in procession to Westminster Abbey for a religious service before walking to the Palace of Westminster – where they sat in the House of Lords Appellate Committee. In 2009, for the very first time they joined their new building – and no longer the Palace of Westminster – the Middlesex Guildhall, a former Crown Court in Parliament Square that was revamped for them.

This press cutting is about the setting up of the new United Kingdom Supreme Court as a means of securing a better separation of powers.

2 – ANNONCE DU PLAN

I will first examine how the journalist revisits the doctrine of separation of powers in the wake of the Constitutional Reform Act 2005 at the origin of the new Supreme Court. **Then, I will focus on** the nature of the reform wondering whether it was only a symbolic change or a much more substantial one with a long term impact on British institutions at large.

3 – COMPTE-RENDU

At the beginning, the journalist describes how the Constitutional Reform Act 2005 made provision for the creation of a new Supreme Court for the United Kingdom. **Indeed**, there had, in recent years, been mounting calls for the creation of a new free standing Supreme Court separating the highest appeal court from the second house of Parliament, and removing the Lords of Appeal in Ordinary from the legislature. On 12 June 2003, the Government announced its intention to do so. It – the separation of powers – can be defined as a system in which the power in a state is separated between the legislative body which passes laws, the judiciary which enforces the law, and the executive which runs the government. **As the journalist underlines it**, due to the absence of a written Constitution in the United Kingdom there is no formal separation of powers. **He goes on explaining** that until October 1 2009, the House of Lords had both legislative powers – making laws – and judicial powers – with its Appellate Committee. **In addition**, members of government are usually Members of Parliament although some are members of the House of Lords. **As the journalist of *The Economist* puts it** (from l. 19 to 21) *"The current reform comes four years after the undoing of another tie, the combination of Cabinet and judicial roles in the office of Lord Chancellor"*. Indeed, the office of Lord Chancellor demonstrated the overlapping of powers and functions. The Lord Chancellor was until recently, a member of the Cabinet – his position which is the gift of the Prime Minister is, by convention, a member of the Cabinet – and the speaker of the House of Lords – by convention accepting a peerage upon appointment. As well as these executive and legislative functions, the LC was also traditionally a senior judge sitting in the judicial committees of the House of Lords and Privy Council and, on occasions presiding over these courts.

After that the journalist **analyses** how the modification of the relationship between the Judiciary and the Legislature with the creation of the new Supreme Court could lead to a form of judicial activism leading to potential conflicts between Parliament and the Judiciary. Some legal experts believe that judges of the U.K. Supreme Court could take on an American-style assertiveness. **Yet**, this fear reported by the journalist seems somehow surprising as British judges are under a duty to apply and interpret the laws enacted by Parliament. The effect of their decisions may be altered by Parliament both prospectively and also if necessary, retrospectively. **Moreover, as the journalist himself explains it**, the new court will not be allowed to *"strike down statutes as unconstitutional"* (l. 27 to 28).

All in all, if the journalist throughout his article seems enthusiastic about the launch of the new Supreme Court and a staunch supporter of the separation of powers, he is aware of the difficulties that face the new court – such as l. 33 to 34, *"there are other questions about how the new court will change centuries-old understandings"*, implying that it is not easy to introduce radical change in the U.K.

4 – TRANSITION

So much for the summary. I will now try to show that far from being a break from the past – or a revolutionary change – the new Supreme Court has built up on what already existed, that is to say on the existing functions of the Appellate Committee of the House of Lords while gaining limited new powers on devolution issues towards Scotland and to a lesser extent Wales.

5 – COMMENTAIRE

I am interested in tackling the issue of the nature and depth of the reform which stands out in this article. Indeed, a key question raised by the journalist is whether the introduction of a new Supreme Court for the United Kingdom is only a 'cosmetic change', that is to say a change in the form rather than a change in substance.

If the Constitutional Reform Act 2005 brings to an end the frequent risk of confusion from using the single term 'House of Lords' to refer to both the upper house of Parliament and the ultimate court of appeal, it is intended that the new court shall have very much the same jurisdiction as the Appellate Committee of the House of Lords has at present, save that it will also deal with the devolution issues which are, at present, primarily dealt with by the Law Lords in the Privy Council. This means that, though called a Supreme Court, it will not, in fact, be a constitutional court. Except in relation to Community Law and in respect of devolution issues, the new court will be subordinate to the will of Parliament as expressed in legislation and will have no jurisdiction to hear Scottish criminal appeals.

Creating a new Supreme Court means that the most senior judges are entirely separate from the Parliamentary process, **yet, one cannot deny** the limits of the powers of the new court.

As a matter of fact, the new Supreme Court is not in the nature of most other supreme courts, in that it is not a constitutional court as such – except on devolution issues and Human Rights issues. Under the Human Rights Act 1998, the new Supreme Court may declare an Act of Parliament to be inconsistent with European Convention Rights but may not refuse to apply it. **Furthermore** the court does not have the powers to strike down legislation since Parliament is sovereign, **as the journalist of *The Economist* reminds the readers** (l. 28: *"Parliament itself is supreme"*). **Consequently, although** the creation of the new Supreme Court has increased the appearance of the separation of powers, the doctrine of parliamentary sovereignty remains unchallenged. The new U.K.'s highest court is now fully separated, American-style, from Parliament and its legislative function, yet, there remain many significant differences between the two supreme courts.

6 – CONCLUSION

To conclude, the article that has just been analyzed is a short, dense press article, based on a very laconic style. **The journalist of *The Economist* gets to the point quickly.** He browses many important 'constitutional' issues but without really developing in depth any of them. It is an article somehow directed at people who are already in the know, because there are allusions to many legal changes and constitutional renewal such as the House of Lords Appellate Committee, Law Lords' proceedings, the reform of the Lord Chancellor's Office, the features of the new Supreme Court and finally the devolution process.

Yet, the merit of this article is to encourage readers to go further to learn more about these various issues but its shortcomings are once again numerous, such as criticizing Montesquieu's analysis but without explaining its very substance; all in all this article is much too superficial!

In my opinion, the setting up of the new Supreme Court for the United Kingdom that appeared at first sight more symbolic than strategic might prove to be more substantial as the main point of the reform is for the new supreme court to *"look like what it is that is to say the highest court of the United Kingdom"* as Lord Bingham, a former senior Law Lord who has long favoured separating the judiciary from the legislature explained. If a consensus now prevails over the necessity of a new Supreme Court distinct from Parliament there are still many moot points in the House of Lords reform process.

B – LEGAL AND CONTEXTUAL VOCABULARY

Legal vocabulary:

An ultimate court	une cour suprême
A supreme court	une juridiction d'appel (dans la plupart des États)
The U.S. Supreme Court	la Cour suprême fédérale
(U.K.) the Supreme Court of Judicature	la Cour souveraine de justice
(= the "old" Supreme Court)	(The Court of Appeal + the High Court)
The Appellate Committee of	le Comité d'appel
the House of Lords	(de la Chambre des lords)
Sittings	les (quatre) sessions de l'année judiciaire

Contextual vocabulary:

To contravene	enfreindre
A service	un office religieux
To baffle	rendre perplexe, confondre
To divorce from	dissocier de, détacher de
To sever ties with	rompre les liens avec
Glowing	élogieux
To be unmoved by	être indifferent à
A spot	un endroit
Flux	changement continuel, fluctuation
To defer to	s'en remettre à
to defer to sby's judgment	s'en remettre au jugement de qqn
To make over	transférer

C – LEGAL AND CULTURAL HINTS

1.The "Separation of powers" doctrine is a classic doctrine of liberal politics, associated with both Locke and Montesquieu. John Locke (1632-1704) is one of the most famous political theorists in the Anglo-American world, because he feared the growth of executive power and insisted on a separation of powers between the legislative – the representative of the people's sovereignty – and the executive. He also hinted at the further separation of the judicial system from the executive. Locke is at the origin of the principle of separation of powers. In his *Second Treatise of Civil Government* (1690) he urged that there should exist a legislature to act in the public good when necessary and a separate executive. The doctrine of the separation of powers was developed further by the French jurist Montesquieu, who based his exposition on the English 'Constitution' of the early 18th century as he understood it. The rationale behind the prescriptive

doctrine of separation of powers is to avoid the concentration of power in the hands of a single person or body.

2. Constitutional Reform Act. The Constitutional Reform Act, which was granted Royal Assent on March 24, 2005, reformed the office of Lord Chancellor, established the Lord Chief Justice as head of the judiciary of England and Wales and President of the Courts of England and Wales, and created the Supreme Court of the United Kingdom. In addition the Act also made provision for the creation of a Judicial Appointments Commission, an Office of Judicial Complaints, and a Judicial Appointments and Conduct Ombudsman. The Constitutional Reform Act 2005 specifies that there are twelve Justices of the Supreme Court including a President and Deputy President.

3. Supreme Court. The term 'Supreme Court' usually means the highest court in a common law judicial system. The Supreme Court was created under the terms of the Constitutional Reform Act 2005, and completes the separation of the U.K.'s legal and judicial systems. Justices of the Supreme Court will no longer be able to sit or vote in the House of Lords. Slightly confusingly, the High Court and Court of Appeal have up to now been referred to as the Supreme Court – they are now known as the Senior Courts of England and Wales.

4. The role of the Supreme Court:
- There is no automatic right of appeal.
- Cases are referred to the Supreme Court from lower courts, or selected by the Justices themselves if they are thought to be of great public significance.
- Because the discussion deals only with points of law, a Supreme Court hearing has no jury or defendant. All Supreme Court hearings are discussions of points of law, rather than adversarial contests between opposing sides.
- The Justices sit in odd numbers to make sure of a majority decision. On the day of the hearing, teams of lawyers present their case (before a panel of Justices). The appellant's lawyer sets out their legal argument which is countered by the respondent. The appellant then has the opportunity to 'reply'.
- Case-law precedents created by the Justices' decisions are often the clearest interpretation of statute law. It is sometimes said that the reasoning behind the Justices' decisions is more important than the decision itself.
- The Supreme Court's judgment will usually be written by one Justice. A judgment is usually delivered in open court a few weeks after the hearing. The Justices' ruling is final.

5. Legal Year. The legal year traditionally begins in October and courts sit for four terms during the year – Michaelmas, Trinity, Easter, and Hilary. On

October 1, judges dress up in full regalia, attend a religious service at Westminster Abbey – this tradition dates back to the Middle Ages when judges prayed for guidance at the start of the legal term – then they used to walk from Westminster Abbey to the Palace of Westminster where a reception known as the Lord Chancellor's Breakfast was held in Westminster Hall.

6. Middlesex Guildhall. It used to be a former dilapidated Crown Court – for criminal hearings in Parliament Square. The latter was part of an area known from Saxon times as Tharney Island, offering sanctuary for fugitives in the precincts of Westminster Abbey. Now the Judiciary and Parliament are balanced on opposite sides of Parliament Square. The Supreme Court building was designed by the Scottish architect James Gibson.

D – FREQUENTLY ASKED QUESTIONS

Question 1: Why is the Supreme Court for the United Kingdom called the 'new' Supreme Court?
The very word 'new' implies that there was an 'old' Supreme Court. Indeed, the 'new' Supreme Court shall not be confused with the 'old' one which was the title previously given to the High Court and the Court of Appeal – they are now known as the Senior courts of England and Wales.

Question 2: Why was the setting up of the new United Kingdom Supreme Court initially so controversial?
The new Supreme Court has its roots in a surprise 2003 announcement by the then Prime Minister Tony Blair, who had not consulted with the Law Lords or other senior judges. Some senior judges and parliamentarians suspected a political motive for the reforms. The day after they were introduced, the Prime Minister announced a Cabinet reshuffle. This included the resignation of the then Lord Chancellor Derry Irvine, who had disagreed with Home Secretary David Blunkett over a number of issues such as which office should be responsible for the court system. Many members of the senior judiciary and several of the Law Lords opposed the measures, many of whom did not want to leave the House of Lords.

Question 3: What are the main differences between the U.K. Supreme Court and the American Federal Supreme Court?
The U.S. Supreme Court derives its power from the U.S. Constitution, while the British court is created by Parliament. The U.S. Federal Supreme Court sits at the top of the American legal system, presumably setting policy for all state

and federal courts to follow. The American Justices cannot simply rule on just any issue; the traditions and norms of the law require that the Court wait for cases to come to it. Petitions asking the Court to grant review of a case come to the Supreme Court throughout the year from both the federal and the state court systems. Because it can hear cases – and ultimately overturn rulings of state and federal court judges, it is presumably the authoritative legal body in the U.S. The new Supreme Court of the U.K. for its part generally does not have the power to strike down legislation, as its counterpart across the Atlantic does.

Question 4: Has the notion of separation of powers become a reality in the United Kingdom?

There is still no clear separation of powers – both Parliament and the Executive interpenetrate each other's area, the U.K. government being formed from within Parliament – but there is a limited separation of functions and a considerable number of overlapping powers. Although the concept of separation of powers has not been deliberately incorporated into the U.K. constitution, there is a long history of placing limits on the exercise of power – one might think of *Magna Carta* (1215) introducing formal limits on the exercise of royal power or the *Bill of Rights* (1689) establishing a far reaching limitation on the absolute power of the monarch. In addition, England has benefited from a tradition of mutual respect, restraint and co-operation between the three arms of Government. Of course there have been times of tension, but with good sense and good will on all sides they have been successfully managed.

Text 2 : Obama on health care: Flight or fight?

The Washington Post
by Eugene Robinson

If President Obama has decided to give up on health care reform, he should just come out and say so. Then we could all get on with our lives – those of us with health insurance, that is. But I don't see how his talk about some sort of slimmed-down package, reduced to its "core elements," could possibly inspire Democrats in Congress to do anything but run for the hills.

Republican Scott Brown's victory Tuesday in Massachusetts, grabbing the Senate seat that was held for decades by the late Ted Kennedy, left Democrats rattled. Actually, frantic would be a better word. Thus far, Obama has said nothing that would help calm the waters – or help the party get out of what now can officially be called the Health Care Mess. If anything, Obama is making it messier.

In an interview Wednesday with ABC's George Stephanopoulos, Obama said this about health care: "I would advise that we try to move quickly to coalesce around those elements of the package that people agree on." He said that we have to keep insurance companies from "taking advantage of people," that we have to contain costs, and that we have to give small businesses help to provide health insurance to their employees.

That's all well and good. But there is already a measure on the table that would do these things – the bill passed on Christmas Eve by the Senate. Now that the Democrats no longer have a filibuster-proof majority, it is all but inconceivable that the Senate could produce a new bill with all those elements. And it's not possible to do health care reform a la carte.

One thing that "people agree on" is prohibiting the insurance companies from denying coverage on the basis of preexisting conditions. But doing that in isolation would cause insurance premiums to skyrocket. To make it work, you need a mandate that forces everyone – including millions of young, healthy people – to buy insurance, thus effectively subsidizing the older, sicker people whom the insurance companies would be forced to cover. But if you make low-income and moderate-income people buy health insurance, you have to give them financial assistance because otherwise they can't afford it.

Later in the interview, Obama acknowledged this chain of "interconnected" imperatives that any workable health-reform package would have to accommodate. And why shouldn't the House just pass the Senate bill?

"I think it is very important for the House to make its determinations," Obama said. "I think, right now, they're feeling obviously unsettled and there were a bunch of provisions in the Senate bill that they didn't like, and so I can't force them to do that."

Would a full-court press by the president have been able to cajole or coerce the House into passing a reform bill that many in the Democratic caucus consider insufficiently progressive? It looks as if we'll never know. On Thursday, Speaker Nancy Pelosi flatly declared that for now, at least, she cannot find the 218 votes needed to pass the Senate bill.

"I'm not going to get into the legislative strategy," Obama said in the ABC interview. That has been the White House approach all along, and it managed to bring meaningful health care reform legislation closer to final passage than ever before. But close doesn't count: Reform didn't make it across the finish line.

Yet.

Pay no attention to the Cheshire Cat claims by Republicans that they'd love to cooperate on a bipartisan reform bill. Sen. John McCain, (R-Ariz.) has already ruled out modifying the current bill, insisting that the Senate has to start the process from scratch. There remains another way, and House Majority Whip Jim Clyburn (D-S.C.) mentioned it Thursday: Pass a reasonable reform package using the parliamentary tactic known as budget reconciliation, which would require only a simple majority of 51 to get through the Senate rather than a supermajority of 60.

The problem with budget reconciliation is that it would require considerable intestinal fortitude on the part of nervous Democratic senators following the Massachusetts result, even though it left them with an 18-vote majority. I don't know if that courage can be summoned. I'm certain that it won't be if the message from President Obama is: "Whatever."

The president can surrender and blame Republicans for killing health care reform yet again, or he can fight tooth and nail on behalf of the 46 million Americans who remain uninsured. But he has to do one or the other. He can't do both.

The Washington Post, Friday, January 22, 2010 © The Washington Post

A – ORAL PRESENTATION

1 – INTRODUCTION DU TEXTE ET DU CONTEXTE

Phrase d'attaque :
"One year ago, I took office amid two wars, an economy rocked by severe recession, a financial system on the verge of collapse, and a government deeply in debt" said Barack Obama in his State of Union Address.

Contexte :
In 2006, the Democrats recaptured control of Congress, then in 2009, the Democrats took back the White House. It means that until recently the Democrats controlled America's main institutions and therefore were in a particularly strong position. Almost exactly a year after Obama's inauguration following a campaign promoting Hope and Change for America, his health care reform raised another kind of hope – the hope of extending medical coverage to tens of millions of uninsured Americans. Yet, three days before the current article was written, the Democrats experienced a major setback. It means that the Democrats and the U.S.President himself are now in a weaker position.

Nature et source du document :
This document is a press article taken from an American newspaper *The Washington Post* which is one of the three main American quality dailies together with *The New York* and *The Los Angeles Times*. It was founded in 1877 and soon became known for its liberal stance. It is a newspaper which sympathized with dissent movements in the 1960s and employed more Blacks than any other U.S.newspapers. Two of its reporters – Mr. Woodward and Mr. Bernstein – won numerous awards for their coverage of the Watergate scandal at the beginning of the 1970s. **The article under consideration was written by** Eugene Robinson, a columnist and associate editor, **in** January 2010. E. Robinson is very committed to his job but also to the cause of Black people as he is a member of the National Association of Black journalists.

Présentation et analyse du titre du document :
Before discussing the main lines of the current article of *The Washington Post* **it is worth spending some time on the title** as Eugene Robinson seems to have chosen it carefully – *"Obama on health care: Flight or Fight?"* **First, we can note that** it takes the form of an open question. The first word, 'flight' is used with its American meaning of 'escape' and the second one alludes to the American fighting spirit. **The current article echoes** a number of fairly recent criticisms made against the U.S.President such as the one of the British moderately centre-right weekly magazine *The Economist* describing Barack Obama as *"the quiet man"*– denouncing his lack of *"fighting spirit"*.

Introduction et définition du thème :

This article deals with Health Care which can be defined as: *"The prevention, treatment, and management of illness and the preservation of mental and physical well-being through the services offered by the medical and allied health professions."* So E.Robinson's objective is **not so much to discuss** Obama's presidency in general one year after his inauguration **but to focus on** one of his priorities: health care.

---

2 – ANNONCE DU PLAN

I will first study the general terms of the health care reform in order to better understand what is proposed to American people **before analyzing** their reluctance and the numerous obstacles that the President faces.

---

3 – COMPTE-RENDU

To begin with, the journalist **insists on** the importance of the retreat of the Democrats with Republican Scott Brown's victory in Massachusetts and its potential negative impact on Obama's health care reform. The victory of this Republican member who is a fierce opponent to Obama's health care reform is all the more significant as he won in a Democrat stronghold and will replace in the Senate Ted Kennedy belonging to the famous Kennedy dynasty. **Besides**, the latter devoted a lot of energy – he called health reform *"the cause of his life"* – to universal health care coverage. So Ted Kennedy's death was felt as a loss from a human but also a political point of view. Scott Brown's victory tilts the balance in the Senate for Republicans. Until this election, the Democrats benefited from a 60/40 advantage in the Senate. The 41st Republican in the Senate could indeed block the health care reform. **As the journalist explains it**, 60 votes represent the minimum needed to overcome a republican filibuster – an opposition tactic in the Senate.

Then the columnist examines the state of the Senate health care bill, trying to assess its progress in the legislative process. The Senate – then dominated by the Democrats – approved the health care legislation on Dec. 24, 2009. **In fact** the Senate Bill was adopted by 60/39 without the support of a single Republican vote which means that the Bill passed with just 60 votes, the minimum needed to overcome a Republican filibuster. The current bill which aims at introducing a near universal health coverage is very divisive because it will also be the biggest piece of domestic spending legislation in U.S.history.

Finally, Eugene Robinson gives his readers some information about how the new health care scheme would work. Most Americans would have to buy health insurance or face fines for not doing so. Those who could not afford it – **described by Eugene Robinson** (l. 28-29) as *"low-income and moderate-income people"* – would receive help. The idea is that most of the low-income or unemployed Americans would be covered by an expansion of Medicaid.

The journalist is biased as the whole article tries to encourage the U.S.Administration to act. In fact, it is a plea for a 'workable' health-reform meaning a system based on a form of solidarity between people from different generations and social classes. **We might wonder whether** American people who are not used to such a system would accept to share the financial 'burden' of universal health coverage.

4 – TRANSITION

So much for the content of the health care reform. **I will now turn to** the reaction of American people. It seems that the reform has raised at best skepticism.

5 – COMMENTAIRE

I am interested in tackling the issue of a sceptical America to health care reform **which stands out in this article.** By electing for the first time a Black man a year ago after a long history of segregation America proved that it was capable of change. **However,** American people do not seem ready yet for universal health coverage. Americans are either skeptical including some Democrats or hostile towards health care reform. E. Robinson's worries echo the criticisms of the opponents of the health care reform who are afraid of its cost – they do not want it to be an additional burden on tax payers. A strong criticism against the President can be felt throughout the text. It seems that E. Robinson and his countrymen are both angry and disappointed by what they see as a kind of retreat from Obama's initial proposals on health care.
Yet, two days before the current article was written, the President gave an interview on ABC promoting his health care reform and trying to reassure American people. The President's voice and advice can be heard throughout the article which covers fairly extensively his interview. Obama **lays the emphasis on** consensus and wants to appear as the one who stands for the people against insurance companies. His own preoccupations are how to finance his health care scheme at a time of a financial crisis; the President knows that his leeway is very limited and that he needs Congress to accept to vote the budget for the health care reform. **In spite of** the skepticism of many Americans – including E. Robinson – the fight for universal health coverage goes on.

6 – CONCLUSION

As a conclusion the columnist blames the U.S.President for his lack of decisiveness. Beyond the health care reform, he seems to question President Obama's abilities as a leader. **I believe that** it is important to qualify E. Robinson's statements. Indeed, when the columnist refers to the fact that the Democrats have lost their qualified majority in Congress, it does not necessarily mean that the Senate is hostile to the President. Many U.S.Presidents have had to run the country facing a very hostile Congress and they managed to do it and it did not mean that they were bad leaders. As opposed to E. Robinson's vision of the U.S.President **I think that** Obama has emerged as a poised, disciplined figure dealing with America's severe problems in a very effective way notably in the State of the Union Address that he saw as his chance to turn momentum back in his favour. The President concluded it by a firm resolution trying once again to give his people hope: "We don't quit. I don't quit. Let's seize this moment to start anew!"

B – TECHNICAL AND CONTEXTUAL VOCABULARY

Health care vocabulary:

Health care	les soins médicaux
A health care system	un système de santé
A cover	une couverture sociale
To lose cover	ne plus être assuré
To be uninsured	ne pas être assuré
Health expenditures	dépenses de santé
Health costs	coût de la santé
To cut the cost of health care	diminuer les dépenses de santé
Cost containment	la maîtrise des dépenses
To ration health care	rationner les soins
Insurance premiums	primes d'assurance

Parliamentary life vocabulary:

To table in (a Bill)	déposer un projet de loi (sur le bureau d'une assemblée)
Filibustering	obstructionnisme
A caucus	une réunion de dirigeants partisans / un comité de primaire
The inauguration (of the U.S.President)	l'investiture, la prise de fonction
A party whip	un chef de file chargé d'assurer la liaison entre les membres d'un parti
The State of the Union	le discours sur l'état de l'Union

Contextual vocabulary:

Flight (US) (act of fleeing)	fuite
To take to flight	prendre la fuite, s'enfuir
Fight(US)	combat, envie de lutter
To show fight (US)	montrer les dents, ne pas se laisser faire
To fight tooth and nail	lutter avec acharnement, farouchement
To come out for / against sth	se déclarer ouvertement pour / contre qqch, prendre position pour/contre qqch
"Get on with it" (colloquial / familiar)	allez / allons, au travail!
"(That's all) well and good"	« C'est très bien! »
To run for the hills	prendre ses jambes à son cou
To grab (a seat)	accaparer (un siége)
The late Mr X	feu Monsieur X, défunt
To rattle	déconcerter, ébranler
To get rattled	perdre son sang froid
(To be) frantic	(être) dans tous ses états
A mess	le désordre, la pagaille
To coalesce	fusionner, se mélanger, se fondre (ensemble)
Big business	les grandes entreprises
Small businesses	les PME

To skyrocket	monter en flèche
To subsidize	subventionner
(To be able) to afford	avoir les moyens de, être en mesure de, pouvoir se permettre de
To accommodate (need/request)	satisfaire (besoin / demande)
To be unsettled	être perturbé
The finish line	la ligne d'arrivée
To start from scratch	partir de zéro

C – LEGAL AND CULTURAL HINTS

- In the U.S.press, the Op-Ed page is the "Opposite Editorial": la page contenant les chroniques et commentaires (en face des éditoriaux).
- The Senate and the House of Representatives together form the Congress, which is the American law-making body, and no federal taxes can be collected or money spent without the approval of both Houses.
- The State of the Union Address: a speech about the achievements and plans of the government that the president gives to Congress once a year.
- Under the U.S.Constitution, if a senator or representative dies or resigns, a special election is held to fill his place for the remainder of his term.
- 'Medicare': système d'assurance maladie qui couvre les personnes âgées et les handicapés.
- 'Medicaid': système d'assistance aux plus démunis.

D – FREQUENTLY ASKED QUESTIONS

Question 1: To what extent is the health care reform in America introduced by Obama a brand new reform?

The new health care reform scheme did not exactly come out of the blue – it follows several attempts beyond party lines to extend health coverage in America, from the proposals of the Republican President Theodore Roosevelt – who proposed universal health coverage in 1912 – to health care proposals under the Clinton Administration – Hillary Clinton being in charge of this very sensitive issue – to the latest House of Representatives and Senate Bills under the Obama Administration.

Question 2: Was there no health coverage at all for American people before the reform?

The current reform aims at introducing a near universal health coverage but there is in fact a precedent since Lyndon Johnson in 1965 launched the government-run programs for the poor – **Medicaid** – and for the elderly – **Medicare**.

Question 3: What does "filibustering" mean?

This parliamentary tactic means talking for a long time in a debate so that the debate cannot be closed and a vote taken. It is possible in the U.S. Senate because the rules of this Upper Chamber allow unlimited debate.

Question 4: How can we see whether the journalist of the Washington Post is biased or not?

Eugene Robinson uses many interjections, passing judgments, adding personal comments all the time (such as l. 18 *"that's all well and good"*). He has also chosen the first person narrative – l. 3 *"I don't see how"*. This first-person point of view allows the readers to better follow the journalist's thoughts but what is told is biased and not necessarily very reliable. From the very first paragraph a form of exasperation can be felt – a certain lack of patience – towards what the journalist perceives as the hesitations of the current Administration. This is illustrated by the use of fairly strong expressions and images such as l. 5 "to run for the hills" which is what someone does when he wants to get away from a situation or relationship as fast as they can, usually when they are scared. This expression belongs to a kind of 'urban' language – as it is generally used to describe the stereotype of rich people (generally white people) who run to their safe communities after fulfilling their obligations in less desirable (black dominated urban) communities based on the cliché of the right (people) having the nice houses on the hills while all the poor people are down below. In fact, the whole article is written like a speech – it is more oral English and the expressions used tend to be colloquial. It is fairly familiar as one can see with the use of shortened / contracted forms (such as *"I don't"*).

Text 3 : Nicolas Sarkozy wants to reform Napoleon's investigating judges

French criminal justice
A delicate judgment

"No human authority", wrote Balzac, *"can encroach upon the power of an investigating judge; nothing can stop him; no one can control him."* Invented by Napoleon, the French *juge d'instruction*, or investigating judge, has extraordinarily wide-ranging judicial powers. These figures have helped to expose big corruption scandals and developed a reputation for robustness against terrorists, but they have also produced some miscarriages of justice. Two centuries after the role was devised, President Nicolas Sarkozy now wants to end it, opening a complex debate.

The function of the investigating judge, *"which has practically no equivalent in Europe, is no longer adapted to our times"* and should be scrapped, according to the report of an official commission on criminal-justice procedures published this month. Michèle Alliot-Marie, the justice minister, is working on a draft law to this effect, to be presented in the new year.

France's 600-odd investigating judges, a central feature of its inquisitorial system, can put suspects under formal investigation, order wiretaps, raid and search premises, confiscate documents, and summon and interrogate witnesses. On top of this, often after years of investigation, they also weigh the evidence, and decide whether to send a suspect for trial.

With their huge freedom to dig and probe, feisty investigating judges have uncovered some of France's biggest political and financial scandals. They exposed the 'fake jobs' affair at the Paris town hall, dating to Jacques Chirac's term as mayor; several of his close former colleagues have been found guilty, and the ex-president is still under investigation. The judges spent years pursuing the Elf-Aquitaine corruption scandal, in which several top French oil executives ended up behind bars. They are behind a smear-campaign inquiry, known as the Clearstream affair, in which Dominique de Villepin, a former prime minister, is about to be tried in court and Mr Sarkozy is a civil plaintiff.

Yet some investigating judges have also been criticised for misusing their own powers. The most infamous case concerned the suspected sexual abuse of children in Outreau, a suburb of Boulogne-sur-Mer. Six innocent people were wrongfully found guilty of running a paedophile ring, and spent years behind bars, before being acquitted on appeal in 2005; several other innocent people

spent years in pre-trial detention. A parliamentary inquiry later underlined the need for young, inexperienced judges not to work alone.

France has already curbed its investigating judges' powers. They can no longer, for example, decide alone whether to put a suspect in pre-trial detention; that is now up to a special judge. Thanks to the Outreau inquiry, they will soon be grouped together in bigger offices, and work in teams.

Yet, as the commission points out, the job still *"combines the functions of a judge with those of an investigator"* and as such operates with *"fundamental ambiguity"*. Mr Sarkozy, who announced in January that he wanted to change the role of investigating judges, is particularly keen to strengthen the rights of the defendant and the presumption of innocence.

Under the commission's proposals, all investigations would be carried out by public prosecutors. Investigating judges would be transformed into judges only, answerable as now to the independent Conseil supérieur de la Magistrature. They would have powers to supervise, authorise or block certain steps carried out by the investigators, such as wiretaps, searches or pre-trial detention, but would not conduct inquiries.

Opponents of this change, including the main magistrates' union, fear that investigations will become toothless if they come under the ultimate control of the justice ministry, to which the public prosecutor answers. Even the commission was not united on the issue. Eva Joly, the former investigating judge on the Elf case and now a green euro-deputy, has said the move would be an attempt at *"preventing investigations that trouble political power"*.

The Economist, Sep. 10, 2009. Paris

A – ORAL PRESENTATION

1 – INTRODUCTION DU TEXTE ET DU CONTEXTE

Phrase d'attaque :
Feared and respected, hailed and derided the French investigating judge *(juge d'instruction)* has been immortalized by the French literature. As soon as the 19th century the French novelist Honoré de Balzac, while describing the investigating judge as a most powerful man, warned against any attempt to undermine his position that he considered as a pillar of criminal procedure. Ironically, in the 21st century what appears a French exception the investigating judge having *"practically no equivalent in Europe"* – is once again in the executive power's bad books as proposals have been made recently to abolish his status.

Contexte :
An *ad-hoc* government committee named after its chairman judge Philippe Léger published its final report on Sept. 1, 2009. Its aim was to formulate far-reaching recommendations to improve France's criminal justice system and the government is expected to use its recommendations as the basis for legislation to reform the Code of Criminal Procedure and Criminal Code. In fact, this report clearly calls for the removal of France's investigating magistrates. It proposed to reform the preliminary investigation and put it under the control of the Head of the Prosecution Department while creating a new category of judges – *les juges de l'enquête et des libertés* – "the inquiries and liberties judges".

Nature et source du document :
This document is a magazine article. It is taken from the British weekly *The Economist,* well-known for being moderately centre-right. One of the characteristics of this paper is that its articles are never signed in order to put more emphasis on content but also to protect its journalists against libel, so we do not know the name of the journalist who wrote **the article entitled** *"Nicolas Sarkozy wants to reform Napoleon's investigating judges". The Economist* apparently left it to its correspondent in Paris to cover the impact of the Leger report as the journal **was published on September 12, 2009** just a few days after the unveiling of its general outline. As early as the subtitle, *The Economist* sets the tone suggesting that the report on legal reform, **although** written by an official commission, was masterminded by the French President.
This press cutting is about the proposal to abolish French investigating judges, **that is to say** judges in charge of overseeing pre-trial criminal procedure in serious offences. Although they handle only a tiny minority of cases, the symbol that they represent is paramount.

2 – ANNONCE DU PLAN

Let us first examine the reform of the French criminal justice following the Léger report **before focusing on** the means of introducing a better reform, meaning a reform more respectful of the independence of the investigation.

---

3 – COMPTE-RENDU

To start with the journalist of *The Economist* **points out** that the reform of the French criminal justice system was initiated by the president, himself a former lawyer. It is interesting to note that two French statesmen are put on the same footing – the one who is at the origin of the creation of *"investigating judges"* (Napoleon) and the one who is about to terminate the office (N. Sarkozy). Both men tried to influence or shape French institutions to their expectations.

As *The Economist* **reminds its readers**, investigating magistrates have been a central pillar of the country's Napoleonic justice system for over 200 years. Absolute neutrality from investigating magistrates was expected from the start. **The journalist wonders** why the President wants to do away with investigating judges. He puts forward the official reasons which are to enhance the presumption of innocence as well as the rights of those under investigation. **The journalist refers to** the speech delivered by the President on Jan. 7, 2009 to members of France's highest judicial tribunal – the Court of Cassation – unveiling plans to transfer investigative powers to state prosecutors.

Afterwards, a whole paragraph (n° 3) is devoted to the scope of powers of investigating judges, echoing the journalist's astonished observation l. 3-4: *"the French investigating judge has extraordinarily wide-ranging judicial powers"*. The investigating judge has indeed extensive powers to do anything that will help in the search for the truth. If he decides there is a valid case against the suspect, the latter will be committed for trial. **The journalist identifies** at least three main aspects of his work:

- Line 14: *"he can put suspects under formal investigation"*. Following initial police inquiries carried out under the supervision of the prosecutor, the file in the case of more serious offences is passed on to the investigation judge, who is independent of the prosecutor.
- Line 16: *"they also weigh the evidence"*. The investigating judge will indeed determine whether there is sufficient evidence for the accused to be tried.
- Line 17: *"they decide whether to send a suspect for trial"*. Once he has completed his investigation into the evidence, the investigating judge is expected to reach disinterested decisions as to whether a sufficient case exists for the accused to be sent to trial.

Moreover, investigating judges are described as very efficient and righteous people and they are highly praised by the journalist, who, through a series of famous cases depicts them as above corruption . **Yet,** the Outreau Affair undermined people's trust in them. This famous miscarriage of justice showed that French investigation judges were sometimes too young, inexperienced (l. 33) and too isolated (l. 33).

---

4 – TRANSITION

No one can deny that improvements can be made to the French criminal procedure and that behind these reforms there is a legitimate desire to simplify procedures and reasonably speed decision-making but there is a fundamental need to secure the independence of the investigation.

5 – COMMENTAIRE

The issue of the end of the independent investigation that might stem from the abolition of the investigating judge **seems to be worth commenting on. Firstly**, it is excessive to say that *"nothing can stop the investigating judge, and no one can control him"* (l. 2). One has to remember that only the prosecution can decide to start a preliminary investigation and bring in the investigation judge. The latter is seized of a matter by the public prosecutor by means of a 'réquisitoire introductif' (i.e. a referral of a criminal case) or by the victim. What the journalist does not mention either is that in the case of particularly serious crimes, a second level of preliminary investigation is first carried out by the 'judicial investigation division' (*chambre de l'instruction*) of the Court of Appeal. **In addition,** from line 63 to line 66, the journalist **refers** in rather vague terms to another development further curbing the investigating judges'powers regarding 'detention pending trial'. He does not mention the law of Jan. 4, 1993 which removed from the investigating judge the power to order detention pending trial and transferred it to the 'judge responsible for civil liberties and detention' (*juge des libertés et de la détention*). **But** beyond that specific law, the position of the public prosecutor as principal party to the proceedings and as representative of the interests of society, gives him greater powers than the investigating judge, at both the police inquiries and the preliminary investigation stage. Not only has he oversight of the preliminary police inquiries but during the course of the preliminary investigation, the investigating judge must also consult the public prosecutor who may call for the case file *(dossier)* at any time. More generally, the involvement of investigating judges in criminal cases has considerably decreased especially since 2007, victims seeking to pursue a criminal case *via* the civil complainant mechanism being required first to address the prosecutor.

Nevertheless, if there are undoubtedly very positive aspects in the reform especially concerning the role of defence lawyers who would be given access to the prosecution file from the beginning – it is at the same time controversial regarding the respective tasks of investigating judges and prosecutors. The main problem is that unlike independent judges, prosecutors are appointed by the Justice Ministry – meaning career advancement often under the patronage of politicians.

---

6 – CONCLUSION

In conclusion one of the main interests of the article is to denounce the political motives behind the reform. The journalist presents a fairly balanced vision of the strength but also the failures of investigating judges – with the Outreau affair – although one can ask whether the real problem in the latter was linked to the nature of the office of investigating judges. **In addition,** the fears of French judges regarding the threat to their independence are very well reported. **To my mind,** for the current reform to be effective and legally acceptable the guarantees of independence and impartiality of the public prosecutor must be reinforced. As for the 'new' judge "of investigation and of liberties" – to replace the investigating judge – he should be granted genuine powers to supervise the public prosecutor. The rights of the accused and the presumption of innocence should indeed be strengthened but by allowing for greater judicial oversight of prosecutorial action and by improving legal aid.

B – LEGAL AND CONTEXTUAL VOCABULARY

Legal vocabulary:

The French Minister of Justice	le Garde des Sceaux
The inquisitorial system	la procédure de type inquisitoire
Criminal proceedings	la procédure pénale
The investigating judge	le juge d'instruction
To initiate an investigation (into a crime)	ouvrir une instruction
To investigate a case	instruire une affaire
Preliminary investigation	enquête préalable
Preparation of a case for eventual judgment	instruction
To investigate in a way that incriminates	instruire à charge
To investigate in a way that exculpates	instruire à décharge
The civil complainant	la partie civile
An investigation of the background of the accused	une enquête de personnalité
The judge responsible for civil liberties and detention	le juge des libertés et de la détention
A miscarriage of justice	une erreur judiciaire
To wiretap	mettre sur table d'écoute
Electronic wiretapping / eavesdropping	écoutes téléphoniques
To search the premises	perquisitionner les lieux
To raid a house	perquisitionner une maison
To summon s.o.	convoquer qqn
To be summoned (to appear) before the court	être cité à comparaître devant la cour
Direct summons	citation directe
To probe (the evidence)	scruter / examiner de près (les preuves)
Detention pending trial	détention provisoire

Contextual vocabulary:

To be in somebody's bad books	être mal vu de quelqu'un
Delicate	délicat, précaire
To encroach upon	empiéter sur
Wide-ranging	de grande envergure
Robustness	fermeté
To scrap	abandonner, détruire
A draft-law	avant-projet de loi
Feisty (US)	bagarreur
Fake jobs	emplois fictifs
A smear-campaign	une campagne de diffamation
To curb	limiter, restreindre
Toothless	inefficace

C – LEGAL AND CULTURAL HINTS

There are three different phases in the French criminal procedure:

Police inquiries / police investigation	« l'enquête de police »
The pre-trial investigation / the judicial investigation	« l'instruction »
The judgment	« le jugement »

The inquisitorial system: A judge will investigate the case – both evidence for and against a suspect if one exists – and the results of this will be brought before the court by the prosecutor.

Voir *Annexe n° 2 : tableau comparatif des procédures pénales anglaise, américaine et française*.

D – FREQUENTLY ASKED QUESTIONS

Question 1: Are French pre-trial investigations too long?

Investigations are frequently long in France – two years in straightforward cases is normal – but justice needs time. Investigating judges as they have to collect pieces of evidence that can incriminate but also exculpate the suspect need time to do it thoroughly.

Question 2: What are the main differences between the British adversarial approach and the French inquisitorial one?

In the British system the police and the prosecution gather information likely to convict the suspect while the defence gathers information likely to acquit the defendant. Arguments between the two and the examination of witnesses are conducted in open court and refereed by a judge. By contrast, in France, the final report of the investigating judge must contain all the pieces of evidence favourable to both defence and prosecution.

Question 3: What was the Clearstream case about?

The case at stake involves claims of a smear campaign against President Nicolas Sarkozy and became known as "The Clearstream Affair". The case which led to a high-profile trial before the Paris Regional Court was brought by 40 claimants including Nicolas Sarkozy. The former Prime Minister Dominique De Villepin had to defend himself against charges of complicity in an attempt to smear Nicolas Sarkozy before he became President of France. The case against the former Prime minister revolved around whether he knew a list of secret bank accounts (at the Clearstream clearing house in Luxembourg) was false and whether he then sought to use it against Mr. Sarkozy.

Question 4: Should French investigating judges be abolished?

In the current system, French investigating judges are independent from the Ministry of Justice and are able to carry out investigations and bring charges without bias or fear of political interference; their abolition might jeopardize that independence.

Quatrième partie

L'épreuve orale
ministère de l'Intérieur

© Snezana Skundric - Fotolia.com

Policier américain

© Stephane Bonnel - Fotolia.com

Policier anglais

I
Caractéristiques de l'épreuve

Concours à la fonction de commissaire de police de la police nationale (catégorie A)

L'arrêté du 23 novembre 2005 fixe les modalités d'organisation et le programme des concours pour le recrutement des commissaires de police de la police nationale. Les épreuves d'admission comportent une épreuve de langue étrangère affectée d'un coefficient 4, qui est décrite comme une conversation avec le jury portant sur un texte en anglais.

Concours pour le recrutement des officiers de la police nationale (catégorie B)

L'arrêté du 25 octobre 2005 fixe les modalités d'organisation et le programme des concours pour le recrutement des officiers de la police nationale. Il s'agit d'une « épreuve orale de langue étrangère consistant en une conversation », affectée d'un coefficient 3.

Concours pour le recrutement des gardiens de la paix (catégorie C)

L'arrêté du 21 novembre 2005 fixe les modalités d'organisation et le programme des concours pour le recrutement des gardiens de la paix de la police nationale. L'épreuve de langue étrangère consiste en une conversation avec le jury, affectée d'un coefficient 1.

Concours incluant une épreuve orale de langue vivante facultative

Pour les techniciens de la police technique et scientifique, voir : Déroulement de l'épreuve / Concours à la fonction de gardien de la paix pour la partie conversation.

Pour les agents spécialisés de la Police technique et scientifique, voir : Déroulement de l'épreuve / Concours à la fonction de gardien de la paix pour la partie conversation, et Méthodologie de la traduction ou comment réussir la partie traduction de l'épreuve / Concours d'entrée à l'École des Officiers de la Gendarmerie nationale pour la partie traduction.

II
Déroulement de l'épreuve

Concours à la fonction de commissaire de police de la police nationale

La durée de l'épreuve est de vingt minutes. Le temps de préparation est de durée similaire. Au début de ce temps de préparation, le candidat tire au sort un texte. À l'issue des vingt minutes de préparation, il est demandé au candidat d'entamer une conversation avec les membres du jury à partir du texte tiré au sort.

Le(s) examinateur(s) attend(ent) du candidat une présentation claire et synthétique du texte étudié. Des commentaires ponctuels sur les points culturels et juridiques évoqués dans le compte-rendu sont les bienvenus. Afin de rendre la préparation plus efficace, il est suggéré aux candidats de suivre le plan figurant à la page 122 (cf. la Fiche plan d'oral : concours d'entrée à l'École nationale supérieure de la Police). Les éléments de commentaire ont été placés dans une colonne distincte et sont repérables par les sigles C1, C2, C3… Ces mises en perspective ne sont pas obligatoires mais permettent de montrer aux examinateurs que le candidat sait éclairer les idées du texte de départ par sa propre culture juridique des mondes anglophones.

Les membres du jury attendent également que le candidat conclut sa présentation soit par une question, soit par une remarque plus générale et ce dans le but d'ouvrir une conversation qui se déroule typiquement en trois temps : une série de questions portant sur l'article de presse, suivie d'interrogations en lien avec le cursus personnel et professionnel du candidat, se terminant par des questions portant sur les motivations dudit candidat.

Le document page 122, intitulé « *Fiche modèle plan d'oral* » est un brouillon-type vierge. Il est recommandé aux candidats de le photocopier et de l'utiliser toutes les fois où ils participeront à un oral d'entraînement. De cette manière, le jour J, ils pourront reproduire ce document-type sur leur brouillon s'ils le souhaitent.

Concours pour le recrutement des officiers de la police nationale

La durée de cette conversation est de quinze minutes sans temps de préparation, ni de texte de support.

Concours pour le recrutement des gardiens de la paix

La durée de la conversation est de dix minutes sans temps de préparation, ni texte de support.

Les exigences et les attentes du jury sont globalement les mêmes pendant la conversation pour les concours des officiers de police et des gardiens de la paix.

III
Entraînement spécifique et préparation

Afin de guider les étudiants vers de plus en plus d'autonomie, le corrigé du troisième texte n'a pas été rédigé à dessein. Il s'agit de mettre en lumière les parties du brouillon qui doivent être rédigées et celles qui ne doivent pas l'être soit parce qu'elles sont connues par cœur, soit parce qu'un style télégraphique est employé. Chacun doit donc pendant sa préparation personnelle élaborer son propre système de prise de notes. Celui qui est suggéré ici ne l'est qu'à titre purement indicatif. Voir partie Acquisition d'une méthode.

De même, il est indispensable que la partie conversation soit préparée individuellement par chaque candidat qui doit avoir préalablement cherché le vocabulaire et les expressions qu'il souhaite employer. À cet effet, une liste non exhaustive de questions possibles et d'amorces de réponses est fournie ci-dessous.

FICHE MODÈLE PLAN D'ORAL (CONCOURS D'ENTRÉE À L'ÉCOLE NATIONALE SUPÉRIEURE DE LA POLICE)

1. INTRODUCTION DU TEXTE ET DU CONTEXTE

---

2. ANNONCE DU PLAN

---

3. COMPTE-RENDU

---

4. COMMENTAIRE

---

5. CONCLUSION

Préparation pour la conversation

What's your first name?	My first name is... (prénom)
What's your last name/ surname?	My last name / surname is... [nom de famille]
How old are you?	I'm... years old
What is your family situation?	I'm single / married / divorced / I've registered a civil partnership.
What is the date today?	Today is Monday / Tuesday / Wednesday / Thursday / Friday / Saturday / Sunday 1st, 2nd, 3rd, 4th... January / February / March / April / May / June / July / August / September / October / November / December.
What is the time?	It's noon / midnight / ten past two / half past three / a quarter to five.
What is the weather like today?	Today, it's sunny / rainy / windy / cloudy / hazy...
Where do you come from?	I come from...
Where do you live?	I live in...
How long have you been living here?	I've been living in... since + date / for + durée
Where did you study before?	Before that, I studied at the university of...
What have you been studying for the past few years?	I've been studying law for the past few years.
What are your university degrees?	I've got a two-year degree in law (DEUG) / a bachelor's degree in law (licence) / a masters' degree (*master 1*) / a postgraduate degree in... (*master 2*)
Why did you study law?	I studied law in order to become a...
Why do you want to become a policeman?	There are several reasons why I want to become a policeman. First of all...; next, ...; last but not least...

What are you hobbies?	I'm keen on + *v-ing* / I'm fond of + *v-ing* / I like + *v-ing* / I'm interested in + *v-ing*.
What do you do during your spare time?	During my spare time, I read a lot / I watch TV / I listen to the radio / I go to the cinema / I practice sports / I play the piano…
Relate the latest film you saw.	The last film I saw was entitled… . It is the story of a man / a woman who + verbe au prétérit. Once upon a time, there was a man / a woman who + verbe au prétérit.
Relate your favourite film.	My favourite film is "…" by [name of the director]
Relate the latest book you read.	The latest book I read was the story of…
Relate your favourite book.	I particularly enjoyed reading… [title of the book]. It was the story of several characters who + [récit au prétérit].
Do you speak other foreign languages?	I speak fluent English. I speak Spanish, Italian, some German, Arabic, and basic Chinese.
Do you consider speaking a foreign language as a professional necessity?	As far as I'm concerned, speaking a foreign language such as English is a professional necessity indeed. A police officer definitely needs to speak to foreign people, to stop them and ask them some questions or to help them find their way…
Could you indicate how to go from one point to another? I'm looking for an ATM (distributeur automatique). Could you indicate how to go to the nearest one? Could you tell me the way to…?	Quelques termes importants: By foot → À pied Go: allez Go straight on: allez tout droit Go as far as: allez tout droit jusqu'au By car → En voiture : remplacer « go » par « drive » Take the third road on your left / Take the third left: Prenez la troisième route à gauche

Turn right / left : Tournez à droite / à gauche
It's on your right / left: C'est sur votre droite/gauche
Cross the street: Traversez la rue
By foot or by car: à pied ou en voiture

Name the different places and stores on this map.

The supermarket: le supermarché
The shoe shop: le magasin de chaussures
The grocer's: l'épicerie
The chemist's: la pharmacie
The shopping centre: le centre commercial
The travel agency: l'agence de voyage
The real estate agency: l'agence immobilière
The church: l'église
The bank: la banque
The hairdresser's: le coiffeur
The tourist office: l'office de tourisme
The restaurant: le restaurant
The school: l'école

The hospital: l'hôpital
The police station: le commissariat
The post office: le bureau de poste
The car park: le parking
The hotel: l'hôtel
The tobacconist's: le bureau de tabac
The bookshop: la librairie
The clothes shop: le magasin de vêtements
The ATM: le distributeur automatique
The town-hall: la mairie
The butcher's: le boucher
The baker's: le boulanger

Could you advise a lost tourist to go to a place located on a map?
Hello! How can I go to the nearest tube station?

→ It's easy! Go straight on to the roundabout, turn right, and it's on your left. (C'est facile ! Allez jusqu'au rond point, tournez à droit et c'est sur votre gauche.)

What is your opinion about the 'broken window' policy (zero-tolerance policy)?	I believe one needs to be tough on crime but not all offences are as serious. Consequently, the sentence should be proportionate to the seriousness of the offence committed.
Do you think that school should educate as well as the family?	School as a key role to play when it comes down to children's education. Nevertheless, one should never forget that social rules are first and foremost taught at home and then applied at school.
Describe your personal vision of France within a few years?	Within a few years, I imagine the country with cleaner cars.
Have you ever visited a foreign country?	No, I have never been abroad so far. Yes, I've been to the USA, England, the U.K., the Netherlands, Switzerland, Spain, Portugal, Italy…
If yes, did you need the help of a policeman during your stay?	At some point, I had to ask a policeman where the police station was because someone had stolen my wallet…
Have you already worked? Do you work?	No, I do not work. I have no job/ no occupation. Yes, I've already worked as a…
In your opinion what are the main duties of a policeman?	To my mind, a policeman has plenty of duties to fulfil : protecting the life and property of people, patrolling the area assigned to him, conducting interrogations, carrying out searches, answering complaints related to criminal activities, collecting evidence pertaining to a crime, handling the traffic, escorting prisoners during their trials, creating a safe atmosphere in society.
Would you like to work in a special international department?	I would be particularly interested in working in a special international department because…

Could you give us your main qualities?	I am hard-working, patient, conscientious, courageous, diplomatic, able to work alone or as part of a team, honest and industrious [assidu], observant and orderly, punctual, resourceful.
Could you give us your main shortcoming(s)?	I am sometimes stubborn [têtu], noisy [bruyant], too shy [trop timide] or too curious [trop curieux]. I am a spendthrift [dépensier]. But I know that whatever shortcomings I have, I can handle them to be a good cop!
What makes you say your are the ideal candidate to become a policeman?	In my opinion, I am the ideal candidate to become a policeman for three main reasons. To begin with, I believe in fairness and justice. Secondly, I am willing to devote myself to help people daily and give something back to the community. To crown it all, I am ready to work with some of the most challenging people on earth.

IV
Sujets et corrections proposés

Text 1 : Supreme Court backs off strict enforcement of Miranda rights

"Speak up to remain silent: The Supreme Court alter the Miranda ruling, outing the onus on suspects," written by David G. Savage that published June 02, 2010

The Supreme Court [...] ruled that a crime suspect's words can be used against him if he fails to clearly tell police that he does not want to talk. In the past, the court said the "burden rests on the government" to show that a crime suspect had "knowingly and intelligently waived" his rights. [...] But in Tuesday's 5-4 decision, the court shifted the balance in favor of the police, saying a suspect has a duty to speak up and say he does not want to talk. [...]

The case decided Tuesday involved Van Thompkins, who was arrested a year after the shooting of two men outside a mall in Southfield, Mich. One of the men died. A police detective read Thompkins his rights, including the right to remain silent and to have a lawyer. Thompkins said he understood, but did not sign a waiver form. For about two hours and 45 minutes, Thompkins said almost nothing in response to questions. The detective asked Thompkins if he believed in God and then asked: "Do you pray to God to forgive you for shooting that boy down?" "Yes," Thompkins said, and looked away. He refused to sign a confession or to speak further, but he was convicted of first-degree murder, based largely on his one-word reply. The U.S. 6th Circuit Court of Appeals overturned Thompkins' conviction on the grounds that the use of the incriminating answer violated his right against self-incrimination under the Miranda decision. The Supreme Court reversed that ruling and reinstated the conviction.

A suspect who wants to invoke the right to remain silent must "do so unambiguously," Justice Anthony M. Kennedy said. "Thompkins did not say that he wanted to remain silent or that he did not want to talk with the police. Had he made either of these simple, unambiguous statements, he would have invoked

his right to cut off questioning." [...] The California-based Criminal Justice Legal Foundation praised the justices for paring back the "artificial rule" set in the Miranda decision. The court "recognized the practical realities that the police face in dealing with suspects," said Kent Scheidegger, the group's legal director. But Steven Shapiro, legal director for the American Civil Liberties Union, said the case "demonstrates the power of custodial interrogation to wear down the defendant's willpower, which is what Miranda was designed to prevent."[...]

The Los Angeles Times, © 2010, Los Angeles Times.
Reprinted with permission.

A – ORAL PRESENTATION

1 – INTRODUCTION DU TEXTE

Phrase d'attaque :
"You have the right to remain silent": all viewers of *"Law & Order"* know those famous seven words uttered when a police officer reads a Miranda warning to a suspect under arrest.

Contexte :
But the U.S. Supreme Court has recently decided that suspects will have to tell police explicitly they want to be silent to invoke their Miranda protection when interrogated. As a consequence, people will have to speak up in order to say that they want to remain silent.

Nature et source du document :
This paradoxical situation is described in the text under consideration, which is an article taken from the American newspaper *The Los Angeles Times.*
It was written by David G. Savage and **published on** June 2, 2010.
It **tackles the burning issue of** the constitutional rights of people arrested by police, and more specifically the enforcement of what is called the Miranda rule.

2 – ANNONCE DU PLAN

I will now **summarize** the key ideas of this newspaper article while **commenting** on them when necessary.

3 – COMPTE-RENDU

In this newspaper article, the journalist **focuses on** three main elements: **first**, the facts of the Thompkins case; **then**, the U.S. Supreme Court ruling in that very case; **eventually**, the different reactions to this decision.

First of all, let us have a quick look at the facts of the case as they are related by the journalist. The defendant, Van Thompkins, was put under arrest by a police detective in the state of Michigan. He was suspected of having taken part in the shooting of two men outside a mall in Southfield. When arrested, he was read his rights but did not explicitly said that he waived

them (C1). He was interrogated for more than two hours and answered "yes" once to several questions asked by the detective. Mainly because of this "one-word reply" he was found guilty of first-degree murder. The journalist **indicates** that the convict appealed against his conviction claiming that his constitutional rights had been violated during interrogation (C2). **Although** his conviction was first overturned by the U.S. 6th Circuit Court of Appeals, the U.S. Supreme Court reaffirmed the initial conviction.

Next, David D. Savage briefly **examines** the contents of the U.S. Supreme Court ruling. The nine Justices decided that once a person suspected of a crime is arrested by a police officer, he has to tell him "unambiguously" that he wants to remain silent and refuses to answer any further question. Mr. Savage **quotes** Justice Anthony Kennedy's argument to back the majority opinion: **the reason why** Thompkins's answer was ruled admissible is that he had not explicitly invoked his right to silence to stop the questioning. The journalist even **underlines the fact that** the burden of proof no longer rests on the police but lies with the suspect who must [I quote] *"speak up and say he does not want to talk"*(line 5). (C3)

Lastly, the journalist **highlights** two opposite reactions to the ruling. **On the one hand**, Kent Scheidegger, the California-based Criminal Justice Legal Foundation's legal director, welcomed the decision arguing that it is more in keeping with the police real work when dealing with suspects. **On the other hand**, Mr. Savage also quotes Steven Shapiro who, as legal director for the American Civil Liberties Union, disagrees with the decision as it reinforces the pressure on defendants during custodial interrogation and deprives any suspect of some protection against abusive police practices.(C4)

---

4 – COMMENTAIRE

(C1) **It is worth** recall**ing** what those rights are about. When someone is about to be taken into custody, police have to warn the person that he has the right to remain silent (but if he gives up this right, anything he says may be used against him in a court of law) and that he has the right to an attorney, his own or a court-appointed lawyer if he cannot afford one.

(C2) The constitutional rights that **are alluded to** are the protection against self-incrimination secured under amendment V and the right to counsel protected by amendment VI. No one should be forced into making incriminating statements and anyone has the right to be represented by a lawyer. The defendant in this case asserts that his "yes" answer could not be accepted in court since he did not give up his right to silence.

(C3) **Let me shortly explain** what the expression 'burden of proof' means. In criminal law, the person who has to prove his arguments has the burden of proof. Traditionally, the prosecution, the government or the police had the burden of proof in order to preserve the presumption of innocence of the defendant. **To take an example**: a police officer had to prove that the man under arrest was willing to give up his right to remain silent when he did so. Most of the time, the policeman has the suspect sign a waiver form to prove he was acting legally. **Despite** the presumption of innocence principle U.S. justices ruled that if a suspect wants to benefit from a Miranda protection, he must invoke his right loud and clear.

(C4) **As far as I'm concerned**, I would **go along with** Mr. Shapiro's concerns. **Indeed**, when a suspect is arrested, he may have plenty of reasons to keep quiet apart from being guilty:

he may be afraid or suspicious. **In addition**, the ruling may give police too much power by allowing them to badger someone into confessing. **However, one should bear in mind that** the practical realities of everyday police work may make it difficult to get every suspect waive his right to silence as explicitly as necessary.

5 – CONCLUSION

As a conclusion, it should be stressed that the journalist **remains impartial** throughout his article, taking great care to quote both the proponents and opponents of the U.S. Supreme Court decision. It remains to be seen now how this decision is going to be applied in the field by police officers and law enforcement members.

B – LEGAL AND CONTEXTUAL VOCABULARY

Legal vocabulary:

To rule (for a judge)	décider, statuer
To enforce the law	faire appliquer la loi
Law enforcement officer	personne chargée de faire appliquer la loi
The burden (of proof)	la charge (de la preuve)
To waive one's rights	renoncer à ses droits
A waiver form	document signé par la personne qui renonce à ses droits
The shooting	coups de feu, fusillade, meurtre par arme à feu
a police detective	un policier
To read someone one's rights	faire la lecture de ses droits à quelqu'un
A confession	des aveux
To make a full confession	faire des aveux complets
To overturn a conviction	annuler une décision
Incriminating evidence	pièces à conviction, preuves à charge
Right against self-incrimination	protection contre l'auto-incrimination
To reverse a ruling	annuler une décision, casser un jugement
To invoke the right to remain silent	invoquer le droit de garder le silence
Custodial interrogation	interrogatoire durant lequel la personne est privée de sa liberté
The defendant	le mis en cause / le prévenu / l'accusé

Contextual vocabulary:

To back off	abandonner
To fail to do sth	ne pas faire quelque chose
To speak up	parler haut et fort
To cut off questioning	interrompre l'interrogatoire
To pare back	réduire
To wear down someone's willpower	user, épuiser, miner la volonté de quelqu'un

C – LEGAL AND CULTURAL HINTS

The different types of murders

One has to distinguish:

• **First-degree murder** (assassinat = meurtre avec prémeditation): an unlawful killing that is both willful and premeditated.

• **Second-degree murder:** an intentional killing that is not premeditated or planned, nor committed in a reasonable 'heat of passion' (homicide sans préméditation) or a killing caused by dangerous conduct and the offender's obvious lack of concern for human life (homicide involontaire).

• **Involuntary manslaughter** (homicide involontaire avec circonstances atténuantes): an unintentional killing in which the offender had no prior intent to kill, such

as a killing that occurs in the 'heat of passion' under circumstances that would cause a reasonable person to become emotionally or mentally disturbed.

Courts and organizations

- **The U.S. 6th Circuit Court of Appeals:** if you lose a case in a district court, you can ask the court of appeals to review the case to see if the district judge applied the law correctly. The U.S. territory is divided into twelve regional circuits. Each circuit has a court of appeals.
- **The Criminal Justice Legal Foundation** is a nonprofit, public interest law organization dedicated to *"assure that people who are guilty of committing crimes receive swift and certain punishment in an orderly and constitutional manner."*
- **The American Civil Liberties Union** (ACLU) is an independent organization dedicated to defending and expanding all civil liberties and civil rights, providing legal assistance in cases in which it considers these liberties to be at risk.

D – FREQUENTLY ASKED QUESTIONS

Question 1: What are the origins of the Miranda rights?

The concept of "Miranda rights" comes from the famous 1966 U.S. Supreme Court decision *Miranda v. Arizona*. In 1963, Ernesto Arturo Miranda was arrested and taken into custody for questioning. He confessed to rape and kidnapping. He was not told he did not have to speak or have a lawyer present. He was convicted and appealed against his conviction on the ground that his constitutional rights had been violated during his arrest and trial. The U.S. justices overturned Miranda's conviction finding that the Fifth Amendment and Sixth Amendment rights of the defended had been infringed. They developed specific rules that police officers had to follow to ensure that any information or statement given by the suspect was admissible in court. The Miranda warning ensures that people in custody realize they do not have to talk to the police and that they have the right to the presence of an attorney.

Question 2: What are the basic rights of someone taken into custody in the USA?

If someone is taken into custody in the USA, he has the right:

– To be protected against unreasonable searches and seizures (Amendment IV).
– To be protected against self-incrimination (Amendment V).
– To have someone informed of the arrest / detention.
– To have a lawyer (Amendment VI).
– To know the charges held against him (Amendment VI).

– To habeas corpus (protection from being held in prison without being charged with an offense). As a rule, once the suspect is taken to a police station jail, he can be held for 48 hours before being released or charged with an offense.
– To a speedy trial (Amendment VI).

Question 3: What is the U.S. Supreme Court?

The Supreme Court is made up of nine Justices, appointed by the President with the advice and consent of the Senate with a single majority. The Supreme Court exercises complete authority over the federal courts, but it has only limited power over state courts. The Court has the final word on cases heard by federal courts, and it writes procedures that these courts must follow. All federal courts must abide by the Supreme Court's interpretation of federal laws and the Constitution of the United States. U.S. Supreme Court decisions are composed of several parts: a majority opinion drafted by the Chief Justice or an Associate Justice; a concurring opinion if justices want to explain how they came to the same conclusion or to comment on other aspects of the case; a dissenting opinion drafted by those in the minority, voicing the reasons for their disagreement.

Question 4: What is the American Bill of Rights?

Because there were so much interest and debate regarding individual freedoms when the Constitution was ratified, a Bill of Rights became law on December 15, 1791. Twelve amendments were proposed but only ten were passed. The Bill of Rights consists of the Constitution's first ten amendments[1].

1 Voir *Annexe n° 5 : composition de la constitution americaine.*

Text 2 : Anti-terror stop and search powers to be scrapped

Alan Travis, Home Affairs Editor

Police forced to abandon power to stop and search the public without reasonable suspicion after European court rules it illegal

The police's use of controversial counterterrorism stop and search powers against individuals is to be scrapped immediately, the home secretary announced today. Under section 44 of the Terrorism Act 2000, officers can stop and search anyone in a designated area without having to show reasonable suspicion.

[...] The home secretary's decision to scrap their use against individuals follows a ruling by the European court of human rights in January that the powers were unlawful because they were too broadly drawn and lacked sufficient safeguards to protect civil liberties. The Strasbourg case was brought by peace protester Kevin Gillan and a journalist, Pennie Quinton, who were unlawfully abused when police stopped and searched them on their way to a demonstration outside the annual Excel centre arms fair in east London in 2003.

[...] "In order to comply with the judgment, but avoid pre-empting the review of counter-terrorism legislation, I have decided to introduce interim guidelines for the police," the home secretary told the Commons. "I am therefore changing the test for authorisation for the use of section 44 powers from requiring a search to be 'expedient' for the prevention of terrorism, to the stricter test of it being 'necessary' for that purpose. And, most importantly, I am introducing a new suspicion threshold." She added: "Officers will no longer be able to search individuals using section 44 powers. Instead they will have to rely on section 43 powers, which require officers to reasonably suspect the person to be a terrorist. And officers will only be able to use section 44 in relation to the searches of vehicles.

[...] May's announcement was attacked by Alan Johnson, the former Labour home secretary, who said he was amazed she had not tried to appeal against the ruling. He warned the reforms would restrict the powers of the police. [...] Shami Chakrabarti, director of the human rights group Liberty, said: "Liberty welcomes the end of the infamous section 44 stop and search power that criminalised and alienated more people than it ever protected. We have argued against it for ten years and spent the last seven years challenging it in courts all the way to the court of human rights."

The Guardian Weekly, 8 July 2010

A – ORAL PRESENTATION

1 – INTRODUCTION DU TEXTE

Phrase d'attaque :
In many countries it is often asserted that giving too much power to police may turn out controversial. European countries such as England and Wales are no exception to the rule.

Contexte :
In July 2010, the European Court of Human Rights ruled that English and Welsh police officers had excessive and unjustified powers to stop and search the public without reasonable suspicion.

Nature et source du document :
This is the topic **highlighted** by Alan Travis in an article **entitled** "Anti-terror stop and search powers to be scrapped" **published on** July 8, 2010 in the British newspaper *The Guardian Weekly*. The Home affairs editor **deals with the tricky issue of** police powers and the necessity to limit them.

2 – ANNONCE DU PLAN

I will now sum up the main ideas conveyed in the press cuttings: **first of all**, the factual elements of the case at the origin of the controversy; **then**, the ruling of the ECHR and how people reacted to it; **eventually**, the consequences of such a ruling on English criminal law and police powers. **I shall try to comment on those three points while summarizing them**.

3 – COMPTE-RENDU

To begin with let us recapitulate/recap the key features of this English, then European, case. The starting point of the case was a demonstration in east London in 2003 outside the arms fair that takes place every year in the Excel center. Two men, Kevin Gillan, a peace protester and Pennie Quinton, a journalist, were heading to the demonstration when they were arrested by policemen and searched (C1).

Afterwards, Gillan and Quinton challenged the legality of the police procedure claiming that their civil liberties had been infringed (C2).

Furthermore, Mr. Travis does not clearly state how the case went up to the European Court of Human Rights, but we can deduce it from the last line of the text *"We have argued against it for ten years and spent the last seven years challenging it in courts all the way to the court of human rights."* (C3)

Then, the journalist briefly **evokes** the Strasbourg ruling handed down by judges who decided that the U.K. police powers as they were defined in the Terrorism Act 2000 were unlawful. **Indeed**, they estimated that there were not adequate enough safeguards to be considered 'in accordance with the law'. **As a consequence**, the law and practice were declared in violation of Article 8 of the European Convention (C4).

The author **goes on underlining** the positive reaction of the director of the human rights group Liberty, Shami Chakrabarti who welcomed the decision as one first victory over a criminalising and alienating piece of legislation (C5).

Last but not least, the journalist **dwells on** the direct and indirect consequences of the European court's decision on police powers and the English legislation. I quote the first sentence of the text (l. 1 to 3): *"The police's use of controversial counterterrorism stop and search powers against individuals is to be scrapped immediately, the home secretary announced today."* In the wake of the European ruling, Home Secretary Theresa May made up her mind to change [I quote] *"the test for authorisation for the use of section 44 powers from requiring a search to be 'expedient' for the prevention of terrorism, to the stricter test of it being 'necessary' for that purpose"* [end of quote]. **In other words**, if a police officer wants to stop someone under section 44, the search has to be necessary and will only be reserved for cars. **Moreover**, Mr. Travis **cites** May's words to **emphasize the fact** that officers will be entitled to search individuals only if they have reasonable grounds for suspecting the person to be a terrorist as provided in section 43. (C6)

---

4 – COMMENTAIRE

(C1) Here are more elements about the case collected from other newspaper articles. Quinton was ordered to stop filming the protest despite showing her press card, while Gillan, who was riding his bicycle, was only allowed to go on his way after twenty minutes. They were both stopped by two police officers who told them they were being searched under section 44 of the Terrorism Act 2000 for articles which could be used in connection with terrorism.

(C2) In Great Britain, if someone wants to challenge the legality of a governmental decision, they can do it by way of judicial review before the Queen's Bench Division of the High Court.

(C3) As a matter of fact, the High Court dismissed the application as well as the Court of Appeal and the House of Lords. The case was then referred to the European Court.

(C4) Article 8 provides for the right to respect for private and family life. The power to search a person's clothes and belongings in public undeniably includes an element of humiliation and embarrassment which is a clear interference with the right to privacy.

(C5) Let us take two examples which may illustrate the criticism stated against the law. **On the one hand**, the decision to stop and search a person on the street is more or less based on the 'hunch' or 'professional intuition' of the police officer, thus creating some risk of arbitrariness

and discrimination. **On the other hand**, the use of such powers is subject to confirmation by the Home Secretary within 48 hours, renewable after twenty-eight days. In effect, there was no real control on the authorisations since the use of such powers in London was continuously renewed, every twenty-eight days, since their first introduction.

(C6) **To put it in a nutshell**, it is now unlawful for police to use their powers, under section 44 of the Terrorism Act 2000, to stop and search people unless they have grounds for suspicion. It means that the European judges estimated that terror laws were not proportionate and justified in the light of the threat of terrorism.

---

5 – CONCLUSION

In order to conclude my presentation on this press article, I would like to **stress** the negative reaction of the former Labour Home Secretary, Alan Johnson, who seems very concerned about the future ability of police forces to fight terrorism. **Even if** his point of view is understandable, **few will argue with the principle that** there has to be a balance between private life and security. Such a balance may not be easy to strike and requires some safeguards to be put in place.

B – LEGAL AND CONTEXTUAL VOCABULARY

Legal vocabulary:

Stop and search powers	pouvoirs de contrôle
To stop and search	stopper un individu dans la rue pour le fouiller
Reasonable suspicion	soupçons légitimes
The Home Secretary	ministre de l'Intérieur en Grande-Bretagne
Under the law	conformément à la loi
(Un)lawful	(il)légal(e)
A safeguard	un garde-fou
Civil liberties	libertés publiques, libertés civiques
To comply with a judgment	se conformer à une décision de justice
To review legislation	réviser une loi
To require someone to do something	exiger de quelqu'un qu'il fasse quelque chose
To appeal against the ruling	interjeter appel d'une décision
To challenge	contester

Contextual vocabulary:

To scrap (scrapped, scrapped)	abandonner
Controversial	controversé
A controversy	une polémique
Broadly	de manière générale, dans les grandes lignes
A peace protester	militant pour la paix
A demonstration	une manifestation
An arms fair	le salon des armes / la foire aux armes
Guidelines	directives
The (House of) Commons	les Communes (Chambre des communes)
Expedient	opportun(e)
To rely on	compter sur, invoquer
To argue against something	argumenter contre quelque chose

C – LEGAL AND CULTURAL HINTS

Home Secretary. This person is at the head of the government department for immigration and passports, drugs policy, crime, counter-terrorism and police.

Terrorism Act 2000. This act widened the definition of terrorism and expanded counterterrorism powers such as detaining people arrested for terrorism offences for seven days (later amended) and granting the police the power to stop and search a person or a vehicle without suspicion if the police are operating in designated area under special authorisation.

Section 44 Terrorism Act 2000. The section allows a police officer in uniform to stop and search a person or vehicle without reasonable suspicion. This can only be done in areas where an authorisation made by a chief police officer and

confirmed by the Home Secretary is in place. The whole of London had been secretly designated a stop and search area under s. 44 on a rolling basis since 2001.

Section 43 Terrorism Act 2000. Under this section, a police officer can stop and search someone who they 'reasonably believe' to be a terrorist, in order to discover whether he/she has anything in his/her possession which may be evidence of this.

The European Court of Human Rights. This court, which sits in Strasbourg, was established in 1959 in order to protect the rights set out in the European Convention on Human Rights. It deals only with breaches of the Convention.

Liberty. It is a pressure group based in the U.K. to protect civil liberties and promote human rights.

D – FREQUENTLY ASKED QUESTIONS

Question 1: What is judicial review in England and Wales? In the USA?
In England and Wales, judicial review allows judges to consider whether an action or a decision by government ministers (or refusal to make an action or a decision) is reasonable. In the USA, judicial review refers to a process whereby a court declares *a posteriori* (after the law has been passed) whether a law is constitutional or not.

Question 2: How and where are police powers defined in England and Wales?
Police powers are defined in the Police and Criminal Evidence Act (PACE) 1984 along with its codes of practice. The legislation and the codes set out the circumstances in which a police officer can stop an individual, search them and arrest them. In order to stop and search someone under PACE, the police officer must have 'reasonable grounds' to suspect that they have in their possession (on his person somewhere, or in his vehicle) a stolen article, or an offensive weapon, a prohibited article, a prohibited firework or a bladed or sharply pointed instrument.

Question 3: What is reasonable suspicion?
Reasonable suspicion must be based on objective facts or information. It cannot be based upon stereotypes or generalisations about certain groups of people or their religion. It can never be on the basis of 'personal factors' alone – i.e. a person's race, age, appearance, or the fact that they are known to have a previous conviction cannot, by itself, justify a stop and search.

Question 4: How is an English case brought to the European Court of Human Rights?

Individuals have the right to make an application to the European Court of Human Rights for apparent breaches of the Convention. However, such an application is only admissible if the applicant has exhausted the effective remedies in the country where the alleged breach has taken place. In the case under consideration, applicants took their case for judicial review claiming a breach of their right to privacy under Article 8 of the Convention. As the application was rejected, there was then an appeal to the Court of Appeal and a further appeal to the House of Lords. Law Lords ruled that there was no breach of Article 8. At this point the applicants had exhausted their rights within their legal system, so they applied to the European Court of Human Rights.

Text 3 : Crime and punishment in America

Rough justice

[...] America is different from the rest of the world in lots of ways, many of them good. One of the bad ones is its willingness to lock up its citizens. One American adult in 100 festers behind bars (with the rate rising to one in nine for young black men). Its imprisoned population, at 2.3 m, exceeds that of 15 of its states. No other rich country is nearly as punitive as the Land of the Free. The rate of incarceration is a fifth of America's level in Britain, a ninth in Germany and a twelfth in Japan.

Some parts of America have long taken a tough, frontier attitude to justice. That tendency sharpened around four decades ago as rising crime became an emotive political issue and voters took to backing politicians who promised to stamp on it. [...] As a result, America's incarceration rate has quadrupled since 1970. [...] Many states have mandatory minimum sentences, which remove judges' discretion to show mercy, even when the circumstances of a case cry out for it. 'Three strikes' laws, which were at first used to put away persistently violent criminals for life, have in several states been applied to lesser offenders. The war on drugs has led to harsh sentences not just for dealing illegal drugs, but also for selling prescription drugs illegally. Peddling a handful can lead to a 15-year sentence.

[...] As a result, American prisons are now packed not only with thugs and rapists but also with petty thieves, small-time drug dealers and criminals who, though scary when they were young and strong, are now too grey and arthritic to pose a threat. Some 200,000 inmates are over 50 roughly as many as there were prisoners of all ages in 1970.

[...] America needs fewer and clearer laws, so that citizens do not need a law degree to stay out of jail. Acts that can be regulated should not be criminalised. Prosecutors' powers should be clipped: most white-collar suspects are not Al Capone, and should not be treated as if they were. Mandatory minimum sentencing laws should be repealed, or replaced with guidelines. The most dangerous criminals must be locked up, but states could try harder to reintegrate the softer cases into society, by encouraging them to study or work and by ending the pointlessly vindictive gesture of not letting them vote.

The Economist, July 22, 2010 ©The Economist

A – ORAL PRESENTATION

1 – INTRODUCTION DU TEXTE

Phrase d'attaque :
Overcrowded prisons have been **the plague of modern times** for several decades.

Contexte :
For example, between 2.3 m and 2.4 m Americans are **currently behind bars**, roughly one in every hundred adults, **which makes the American justice system harsher than in any other rich country.**

Nature et source du document : partie à improviser totalement.
Cf. corrigés textes 1 et 2.

It deals with the current situation of American overcrowded prisons and the reasons for such a plight.

2 – ANNONCE DU PLAN

I will now sum up the main ideas conveyed in the press cuttings: **first of all**, the factual elements of the case at the origin of the controversy; **then**, the ruling of the ECHR and how people reacted to it; **eventually**, the consequences of such a ruling on English criminal law and police powers. **I shall try to comment on those three points while summarizing them**.

3 – COMPTE-RENDU

...falls into 3 parts:

• **First of all:** the current situation of most American prisons
...focuses on...
  – Quote all the figures provided by the journalist
  – Comparison with other countries

• **Afterwards:** the main reasons explaining this "tough attitude to justice"
...highlights...
  – Historical reasons: crime as a political issue, skyrocketing incarceration rate.

- Mandatory sentencing laws = no choice for judges but to sentence offenders.
- 'Three strikes' laws

(C1)

Eventually: last paragraph proposed solutions to curb the evolution

...alludes to...

- Less complicated laws;
- More control over prosecutors (C2);
- Mandatory minimum sentences replaced by guidelines;
- More reintegration policies.

4 – COMMENTAIRE

(C1) Flaws in the system:

- Too many people locked up for too long.
- Acts that need not be criminalised are defined as offenses.
- Some inmates come out of prison as more accomplished criminals than before (French movie *Un Prophète*)

(C2) Power has shifted from judges to prosecutors. overwhelming incentive to cooperate. So innocent defendants plead guilty in return for a shorter sentence to avoid the risk of a much longer one.

5 – CONCLUSION

As a conclusion, it seems to me that this journalist **gives the reader food for thought** by criticizing the excessive and sometimes arbitrary criminal justice system in the USA. **Personally speaking**, methods of prevention such as better policing, drug treatment and probation are key solutions in a country where overcrowding is the norm.

B – LEGAL AND CONTEXTUAL VOCABULARY

Legal vocabulary:

A lesser offender	un petit délinquant
A harsh sentence	une peine sévère
Legal / illegal	légal / illégal
A fifteen-year prison sentence	une peine de prison de quinze ans
A thug	un voyou
A rapist	un violeur
A petty thief (thieves in the plural)	petit voleur, malfrat à la petite semaine
An inmate	un prisonnier
To repeal a law	abroger une loi

Contextual vocabulary:

To be clipped	être limité
Rough	dur, rude, brutal
To fester behind bars	croupir derrière les barreaux
To sharpen	s'accentuer, devenir plus marqué
To take to doing something	se mettre à faire quelque chose
To peddle / deal drugs	faire du trafic de stupéfiants

C – FREQUENTLY ASKED QUESTIONS

Question 1: What is a mandatory minimum sentence?

A mandatory minimum sentence is a fixed sentence imposed by law. It means that the judge, when sentencing the convicted person, has to deliver the sentence provided for in the law. He is unable to take into account the offender's role, motivation, the likelihood of recidivism or other mitigating factors.

Question 2: What is a 'three strikes' law?

Under a 'three strikes' law, someone who has previously been charged with and convicted of one strike offense, defined as violent or serious offenses, and found guilty of another strike offense may incur twice the sentence otherwise prescribed for the new offense and serve more than 80% of his sentence. If he receives three strike offenses or more, he could end up serving anywhere from twenty-five years to a lifetime in prison, even if the third strike conviction was for a minor crime, such as a petty theft offense.

Question 3: What is plea-bargaining in American criminal law?

Plea-bargaining is defined as the process whereby a criminal def°endant and a prosecutor reach a normally mutually satisfactory deal submitted to a judge for approval. The deal generally involves a guilty plea of the defendant in return for a more lenient sentence than expected.

Cinquième partie

L'épreuve orale
ministère de la Défense

I
Caractéristiques de l'épreuve

L'arrêté du 27 juin 2005 relatif aux concours d'admission à l'École des Officiers de la Gendarmerie nationale fixe les modalités des épreuves, dont l'oral de langue vivante qui consiste en une épreuve d'admission, une fois les écrits réussis. Les oraux se déroulent en général au mois de juin et sont généralement la première épreuve d'admission à passer. Affectée d'un coefficient 4, cet oral consiste en un commentaire portant sur un texte journalistique plus une traduction, suivis d'un court entretien avec les membres du jury.

Il est important de préciser ici que le choix de la langue dépend des épreuves écrites d'admissibilité facultatives parmi lesquelles figure une épreuve de langue vivante d'une durée de quatre heures comprenant une traduction (thème et version) suivie d'une composition écrite dans la langue choisie relative à une question d'actualité et de société se rapportant au pays concerné. Il s'agit d'évaluer à la fois le niveau de culture linguistique (tournures idiomatiques, grammaire, vocabulaire), les connaissances didactiques, littéraires de la langue et de la civilisation du pays choisi par le candidat. De ce fait, la langue choisie pour l'épreuve orale obligatoire d'admission doit être obligatoirement différente de celle éventuellement choisie à la quatrième épreuve d'admissibilité.

II
Déroulement de l'épreuve

L'épreuve totale dure soixante minutes : trente minutes de préparation et trente de passage. Le candidat tire d'abord au sort le texte qui servira de support à l'épreuve orale, *« portant sur un sujet d'actualité ou de société tiré de la presse quotidienne ou périodique à l'exclusion de tout article faisant appel à un vocabulaire technique »*. Il dispose ensuite de trente minutes pour travailler sur son texte sans rien écrire dessus car le texte doit être restitué à la fin de l'entretien. Aucun document n'est autorisé pendant ces trente minutes.

À l'issue de ce temps de préparation, il lui est demandé de :

- Lire le texte à haute voix (tout ou en partie).
- Traduire le texte *« en partie ou dans son intégralité »*.
- Commenter ce texte (temps de parole d'environ dix minutes).
- Répondre aux questions d'ordre général et personnel formulées par des examinateurs.

L'objectif pour le jury (composé de deux membres du corps de la gendarmerie qui maîtrisent parfaitement la langue anglaise) est de tester et d'évaluer la capacité du candidat à comprendre un texte de presse en anglais et à s'exprimer oralement dans cette langue étrangère.

III
Entraînement spécifique et préparation

Méthodologie de la traduction ou comment réussir la partie traduction de l'épreuve

Les candidats se présentant au concours d'officier de gendarmerie devront traduire une partie du texte (ou tout le texte, décision laissée à la discrétion du jury) qu'ils auront présenté oralement. Le passage sera donc choisi par le jury qui peut demander

la traduction du début du texte, ne pas oublier le titre si tel est le cas, ou d'un autre passage. C'est une épreuve difficile, qui nécessite un entraînement régulier. Beaucoup trop de candidats perdent des points précieux sur cette partie de l'épreuve. En revanche, bien préparés, ils peuvent faire la différence. Ces quelques pages sont destinées à apporter conseils et méthodologie afin de réussir le mieux possible cette partie de l'épreuve orale. À nouveau, la lecture répétée de la presse anglo-saxonne permettra de se familiariser avec le style journalistique et d'acquérir du vocabulaire. Pour ce faire, il est judicieux de réaliser des fiches de vocabulaire thématiques à réviser régulièrement. Il est évident que toute erreur dans la proposition de traduction sur un terme spécialisé appartenant, par exemple, au domaine juridique, sera lourdement sanctionnée.

Trois grands critères seront pris en compte par le jury pour juger de la qualité de la traduction : une bonne connaissance de l'anglais, la maîtrise du français et la méthodologie de la traduction proprement dite. Une traduction de qualité dépend de l'analyse du texte. En comprendre le sens général ne suffit pas : il faut l'avoir saisi dans son intégralité avant de se lancer dans la traduction. Or, il est évident que le jour de l'épreuve, le candidat ne dispose que de trente minutes de préparation, ce qui signifie qu'il doit se concentrer sur sa présentation et élucider les principales difficultés de compréhension. Pour cela, il faudra bien prendre en compte les informations annexes, telles que la source, l'auteur et le titre, éléments repérés pour préparer le compte-rendu. Le jury est parfaitement conscient que le candidat n'a que peu de temps, et, de ce fait, n'appliquera pas la même sévérité que pour une traduction écrite. Il est malgré tout essentiel d'éviter toute faute grammaticale importante ainsi que tout contresens.

A – CONSEILS

Pour être capable de réaliser une **bonne** traduction de votre texte, vous devrez tenir compte des conseils suivants :

- Analyser la structure des phrases difficiles du texte support, ce qui signifie repérer les différentes propositions, établir le lien entre sujet et verbe, distinguer les substantifs des verbes, etc.
- Deviner le sens de la plupart des termes inconnus, en vous aidant du contexte ainsi que du co-texte, c'est-à-dire le reste du texte.
- Ne pas laisser de blancs dans votre proposition de traduction, ce qui vous coûterait une lourde sanction. Le jury peut en effet parfaitement compter la faute la plus grave qui pourrait être commise sur le passage omis. Votre proposition ne pourra alors qu'être meilleure.
- Ne pas vous précipiter afin d'éviter contresens et graves fautes de grammaire.
- Être vigilant quant à la qualité de votre français sur laquelle vous serez aussi évalué.

En outre, il est primordial de déterminer le niveau de langue de votre texte support afin de le respecter dans votre proposition de traduction, notamment dans le cadre de citations. Trois exemples :

1. Je ne me souviens pas bien si elle a dit qu'elle allait chez le coiffeur.
2. Dans la vie, on partage toujours les emmerdes, jamais le pognon.
3. Longtemps, je me suis couché de bonne heure.

Ces phrases ont-elles un niveau de langue formel, populaire ou argotique ? La première phrase est bien sûr rédigée dans un style plutôt formel, alors que la deuxième est argotique et la dernière populaire. De ce fait, vous devez tenir compte du niveau de langue et en proposer un équivalent dans votre traduction.

Vous devez également choisir le temps approprié[1], en particulier pour traduire le prétérit. Il vous faudra choisir entre le passé simple, peu utilisé de nos jours dans la presse, le passé

1 Voir *Annexe n° 9 : rappel des différents temps en anglais.*

composé beaucoup plus fréquent, et l'imparfait, qui décrit en général des actions plus longues. Soyez prudent lorsque vous avez en anglais du *present perfect*, rarement traduit à l'aide du passé composé en français, mais plutôt par un présent.
Ex : *I have studied law for five years*. J'étudie le droit depuis cinq ans / Cela fait cinq ans que j'étudie le droit.

Enfin, pensez à respecter la concordance des temps.

En conclusion, votre traduction doit donner l'impression que le texte support a été rédigé directement en français !

B – DIFFICULTÉS ÉVENTUELLES

Vous trouverez ci-dessous un tableau présentant des difficultés éventuelles de traduction rencontrées par les candidats, ainsi que la règle à suivre pour chacune d'elles.

Rubrique	Pratique	Règle
Noms propres	Prénoms non traduits même si un équivalent existe en français. Exception : personnages historiques ou de fiction connus sous des prénoms différents dans une langue ou une autre.	Bien vérifier chaque fois l'équivalence dans un dictionnaire ou une encyclopédie lorsque vous vous préparez pour cette épreuve.
Noms de famille	Non traduits sauf s'il s'agit d'un emploi générique à valeur de nom commun. Ex. : *The Smiths* = les Dupont. Si le journaliste a recours à un jeu de mots, par connotation ou assonance, essayez d'adapter. Si tout un groupe de patronymes est utilisé, tous restent non traduits même en cas de jeu de mots particulier. Essayez d'inventer une traduction pour un surnom qui évoque un aspect de la personnalité ou du physique du personnage. Ex. : *Baldy Johnny* = Johnny Crâne-d'Œuf.	Conserver les traductions institutionnalisées.
Titres de civilité	Dans un dialogue, utilisez l'équivalent français quand le nom de famille n'est pas mentionné : *Sir* = « Monsieur », *Madam* (« Madame »), *Miss* (« Mademoiselle »). Si le terme *Sir* est employé au vocatif pour désigner un militaire = mon Colonel / Général / Commandant, en fonction du grade.	Les conserver dans leur langue d'origine.

Rubrique	Pratique	Règle
Titres de noblesse	*Lord*, *Lady* et *Sir* sont conservés tels quels.	Faire une fiche des autres titres de noblesse ayant une traduction institutionnalisée.
Noms de lieux	Les noms communs tels que « rue », « place », « avenue », « boulevard » / *square, road, drive, crescent*… ne se traduisent pas.	Exceptions : *Fifth Avenue* = la Cinquième Avenue
Titres de journaux ou magazines	Non traduits, sauf s'il s'agit d'un titre faisant référence à un journal peu connu ou inventé dont le titre explicatif sera traduit.	
Titres d'œuvre	Conservez le titre original suivi d'une traduction ou traduisez directement si le titre est peu connu ou l'œuvre inventée.	Pour les grandes œuvres littéraires, picturales ou cinématographiques, soit conserver le titre dans la langue originale, soit utiliser la traduction institutionnalisée.
Mesures	a) L'unité existe dans les deux cultures. b) L'unité est différente dans les deux cultures.	Traduction simple. Adapter et convertir la quantité exprimée selon l'unité voulue. Déterminer le degré de précision (général : on arrondit ; ou précis : on traduit avec exactitude) voulu en fonction du contexte.
Monnaies	Une somme d'argent mentionnée demeure non traduite. L'équivalent en euros peut se donner entre parenthèses mais cela n'est pas impératif. Lorsque les quantités sont indéfinies, la traduction restera approximative. Ex. : *to have a few pennies left* = ne rester que quelques sous Ex. : *pints of beer* = litres de bière	Bien faire la différence entre somme d'argent : pas traduite ; monnaie : dénomination monétaire différente d'une langue à l'autre.

C – PROCÉDÉS TECHNIQUES DE TRADUCTION

Le tableau suivant présente les principaux procédés techniques de traduction qui peuvent vous aider dans certaines situations difficiles, et vous permettre d'améliorer votre traduction en acquérant des automatismes.

Procédés	Définitions	Exemples
1. Emprunt	Conserver le mot anglais en français, ou importer un mot ou une locution tel quel parce qu'il y a une lacune dans la langue ou la culture d'arrivée pour faire « couleur locale ».	*bulldozer, cowboy, common law*
2. Calque, ou emprunt traduit	Traduction littérale de toute une expression, ou importation des structures inhabituelles dans la langue d'arrivée en raison d'une traduction collant au texte de départ.	*Trafalgar Square*
3. Traduction littérale	Solution unique et réversible. C'est-à-dire rester au plus près du texte de départ sans faire violence à la langue d'arrivée. Aucune transformation si ce n'est celles exigées par la syntaxe de base de la langue d'arrivée.	*The plate is on the table.* L'assiette est sur la table.
4. Transposition	Traduction d'un mot par un mot appartenant à une autre catégorie grammaticale. À utiliser systématiquement dans le cas : • Des groupes verbaux décrivant un mouvement • Des structures résultatives telles que *to shot someone dead* (abattre quelqu'un) Omettre le second terme s'il est évident.	*No smoking.* Défense de fumer. Ex. : le verbe devient nom, la préposition devient nom, le groupe prépositionnel devient verbe, le groupe prépositionnel devient proposition, l'adjectif devient groupe nominal, l'adverbe devient adjectif, l'adverbe devient verbe…
Cas particulier : chassé-croisé ou transposition croisée	Double transposition dans laquelle les catégories grammaticales permutent.	*The mob backed away.* La foule s'écarta à reculons. *He kicked the door shut.* Il ferma la porte d'un coup de pied.
5. Étoffement 6. Effacement ou allègement	Procédé qui consiste à ajouter un ou plusieurs mots par rapport à l'original. Procédé inverse qui consiste à rendre un groupe de mots par un groupe de mots plus économe.	*To my surprise.* À ma grande surprise. *He was running for his life.* Il courait pour sauver sa peau.

Procédés	Définitions	Exemples
7. Modulation	On opère un changement de point de vue au niveau du message. Sens global conservé, mais façon de l'exprimer diffère car différente perception du monde, différents rapports logiques. Entraîne automatiquement une transposition. Utiliser la modulation pour donner au message traduit plus d'authenticité, plus de « naturel » dans la langue d'arrivée.	*Shallow*. Peu profond. *No vacancies.* Complet.
Modulation métonymique	Remplacement d'un terme par un autre grâce à la relation qui les unit (cause / effet, contenant / contenu, partie / tout, partie / autre partie, moyen / résultat, processus / agent du processus), inversion d'orientation ou de localisation spatiale (but / origine du mouvement), déplacement chronologique…	*The street.* La chaussée. *He cleared his throat.* Il s'éclaircit la voix. *Bus stopping*. Arrêt demandé. *Lost Property Office.* Bureau des Objets trouvés. *She was waiting for him outside his house.* Elle l'attendait devant chez lui.
Modulation grammaticale	Changement de modalité = affirmative/ négative, injonctive/ interrogative changement de voix = active/ passive Ex. : négation du contraire. Ex. : inversion de diathèse (voix passive anglaise remplacée par « on » en français). Ex. : renversement des termes (pas de changement de voix, mais inversion des groupes nominaux jouant le rôle d'agent et de patient ou complément). Ex. : changement de modalité phrastique (hypothèse / interrogation, affirmation / exclamation, injonction, impératif / participiale affirmative « en faisant cela et cela… », injonction / hypothèse).	*Neighbours cannot be trusted.* On ne peut plus faire confiance à ses voisins. *It meant a lot for her.* Elle y tenait beaucoup.
8. Équivalence	Traduction d'expressions figées ou proverbes. Réappropriation du texte d'origine dans la culture de la langue d'arrivée en employant l'expression spontanément utilisée dans la même situation.	*Like a bull in a China shop.* Comme un chien dans un jeu de quilles. Ex. : exclamations, formules de politesse, jurons, onomatopées, proverbes.

D – EXERCICES D'ENTRAÎNEMENT

Les corrigés de tous les exercices qui suivent se trouvent dans l'annexe n° 8 p. 225.

1. EMPRUNT

Attention à ne pas abuser de l'emprunt lorsque le terme existe en français et prudence avec les faux amis.

Exercice d'application

Traduisez les paires de mots suivantes :

Currently / actually :
To pursue / to prosecute :
To arrive / to happen :
To summarize / to resume :
Conductor / driver :
Application / implementation :
Proposition / proposal :
Sensitive / sensible :
To remember / to remind :
Policy / politics :

2. CALQUE

Exercice d'application

Traduisez :

The man in the street.

3. TRADUCTION LITTÉRALE

Exercice d'application

Traduisez ces deux phrases littéralement. Ont-elles un sens ?

- If he left immediately, he'd catch the 7:30 train.
- We don't have much time left.

4. TRANSPOSITION

Exercice d'application n° 1

Traduisez :

- Dad looked up and smiled.
- She kicked the door open.
- The radio is off.
- She looked at him lovingly.
- Before you come back, …
- We toiled up the hill.
- They hurried down the stairs.
- He staggered to the door.
- They crept into the bank.

Exercice d'application n° 2

« To get » est un verbe qui peut avoir de nombreux sens en fonction de la particule utilisée. Reliez le verbe et sa définition :

To get through •	• To find the opportunity to
To get away •	• To recover from
To get up •	• To arrive
To get over •	• To have problems
To get round •	• To be on good terms with
To get into (trouble) •	• To take without detection or punishment
To get in •	• To communicate with
To get on •	• To rise from bed

Complétez les phrases suivantes à l'aide des verbes du tableau :

a. Since he was a teenager, he has often got………………….trouble with the police.
b. They never seem to disagree, they get………………….so well together.
c. He was very disappointed by his electoral defeat, but he will soon get………………….it, I hope.
d. I never have enough time for anything, I still haven't got………………….to phoning my accountant.
e. The bank robbers got………………….with £2 million in the hold-up.
f. I missed my train this morning, I got………………….late.
g. I phoned to inform the office I would be late, but I couldn't get…………………. .
h. We flew to Paris and got………………….at 7 pm.

Exercice d'application n° 3

Faites de même avec les verbes listés dans le tableau ci-dessous :

To put off •	• To return something to the owner
To knock down •	• To refuse
To take over •	• To complete by inserting information
To give back •	• To abandon, renounce
To knock out •	• To defer
To fill in •	• To cause to fall by striking
To give up •	• To give as a present
To give away •	• To accommodate, lodge
To turn down •	• To make unconscious
To put up •	• To assume responsibility, management

Complétez les phrases suivantes avec les verbes figurant dans le tableau ci-dessus :

a. The meeting didn't take place as planned: it was....................to another date.
b. Please....................this form with your name, address and date of birth.
c. The challenger....................his rival....................in the first round.
d. Do come and stay with us – we can....................you....................easily.
e. A car....................him....................on his way to work.
f. The firm was....................by an American company.
g. I wish I could....................smoking, but I find it hard.
h. He's a very generous man, he's....................a lot of money to charity.
i. They made me such a good offer, I couldn't....................
it.................... ;
j. I lent you that book a long time ago. could you....................
it....................to me, please?

5. ÉTOFFEMENT

Exercice d'application

Traduisez :

- Trips from London.
- From John.
- Passengers to Manchester.
- The inspector on the case.

6. MODULATION

Exercice d'application

Traduisez :

- The time when...
- It is not difficult to show...
- It isn't said...
- Salmon is eaten cold.
- I was sure the police would be called in.
- How far he was responsible will never be known.

7. ÉQUIVALENCE

Exercice d'application n° 1

Les traductions littéralement proposées ci-dessous sont toutes incorrectes. Pourquoi ?

She just wanted them to check that.	Elle voulait simplement qu'eux vérifient ça.
They put the house up for sale.	Ils ont surélevé la maison pour la vendre.
He has a strong body of evidence against him.	Il a un fort corps d'évidence contre lui.

Exercice d'application n° 2

Traduisez :

- A criminal lawyer
- An investigating judge
- I can't take it any more.

Exercice d'application n° 3

Reliez un verbe de la colonne de gauche à un nom de celle de droite.

to conduct •	• a verdict
to cross-examine •	• control
to compile •	• a role
to exercise •	• a decision
to reverse •	• a trial / an inquiry
to review •	• a witness
to return •	• a record / a dossier
to play •	• a case
to prosecute •	• information
to withhold •	• an oath
to take •	• a preliminary hearing
to acquit •	• guilty

to hold •	• the defendant
to plead •	• the accused
to provide •	• measures
to introduce •	• evidence

Dans les pages suivantes vous trouverez deux quiz vous permettant de tester votre connaissance des proverbes en anglais, ainsi que votre culture générale !

E – PROVERBS AND SAYINGS

1. Entourez la bonne réponse.

1. What should you make while the sun shines?
   a. money **b.** hay **c.** peace
2. Who flock together?
   a. birds of a feather **b.** pigs **c.** sleeping dogs
3. What makes Jack a dull boy?
   a. a new broom **b.** any port in a storm **c.** all work and no play
4. What does it take all sorts to make?
   a. a cake **b.** a world **c.** a bed
5. What wasn't built in a day?
   a. Rome **b.** Beijing **c.** New Delhi
6. What does one good turn deserve?
   a. a bird in the hand **b.** a pat on the back **c.** another
7. What happens when the cat's away?
   a. pigs will fly. **b.** the mice will play. **c.** dogs lie down.
8. Who makes work for idle hands?
   a. the devil **b.** the teacher **c.** the student
9. What is the mother of invention?
   a. bad luck **b.** problem-soving **c.** necessity
10. Who calls the tune?
    a. the dancer **b.** the conductor **c.** he who pays the piper
11. What is mightier than the sword?
    a. the pen **b.** a light sabre **c.** the gun
12. Who shouldn't throw stones?
    a. cooks **b.** people who live in glass houses **c.** politicians
13. What is thicker than water?
    a. wine **b.** blood **c.** orange juice

14. If you've 'got it', what should you do with it?
   a. spend it **b.** use it **c.** flaunt it

2. Remplissez les blancs à l'aide des termes ci-dessous.

beauty	boils	devil	die	pound	worm	good
chickens	spice	bird	dog	possession	stone	

1. ....is only skin deep.
2. Don't count your.................... (before they are hatched).
3. The....................is cast.
4. Give a....................a bad name.
5. The early....................catches the....................
6. No news is....................news.
7. In for a penny, in for a....................
8. ....is nine tenths of the law.
9. A rolling....................gathers no moss.
10. Better the....................you know.
11. A watched pot never....................
12. Variety is the....................of life.

3. Reliez le proverbe et son explication.

Born with a silver spoon in your mouth.	**1**	**a**	What is important is what things or people are, not what they are called.
Every cloud has a silver lining.	**2**	**b**	It is wiser to be too careful than to act too quickly and do something you may later regret.
Everything in the garden is rosy.	**3**	**c**	Having rich parents.
A rose by any other name would smell as sweet.	**4**	**d**	It is better to deal with something immediately because if you wait it may become worse.
The proof of the pudding is in the eating.	**5**	**e**	You can only judge if something is good or bad by trying it.
A stitch in time (saves nine).	**6**	**f**	Every sad or difficult situation has a positive side.
Great oaks from little acorns grow.	**7**	**g**	Everything is fine.
Better safe than sorry.	**8**	**h**	Something large and successful often begins in a small way.

F – WORDS FROM BRITISH AND AMERICAN CULTURE

1. Entourez la bonne réponse.

1. *What is an informal name for Buckingham Palace?*
   a. Fort Knox **b.** the House of Lords **c.** Buck house

2. *A young upper-class man who behaves in a loud and silly way is know as:*
   a. a Joe Bloggs **b.** a Walter Mitty **c.** a Hooray Henry

3. *The central business area in the City of London is also known as:*
   a. Savile Row **b.** the Square Mile **c.** Tin Pan Alley

4. *Another name for the U.S.city of Chicago is:*
   a. the Rock of Gibraltar **b.** the Snow Belt **c.** the Windy City

5. *The man in the Bible thought to have lived for 969 years is:*
   a. Tarzan **b.** Walter Mitty **c.** Methuselah

6. *Who was the Danish king of England who proved that even kings could not stop the tide?*
   a. William the Conqueror **b.** Henry VIII **c.** Canute

7. *A person who says their life is full of excitement and adventures when it is in fact just ordinary is a:*
   a. John Joe **b.** Hooray Henry **c.** Walter Mitty

8. *A group of people who ride motorbikes are known as:*
   a. the green welly brigade **b.** the Samaritans **c.** Hell's Angels

9. *The most famous street in New York City's theatre district is called:*
   a. Fifth Avenue **b.** Grand Central Station **c.** the Great White Way

10. *What is the most northerly town in Britain?*
    a. Land's End **b.** the Celtic fringe **c.** John O'Groats

11. *If a young man is described as an Adonis, what is he like?*
    a. very attractive **b.** very strong **c.** very intelligent

12. *What is celebrated in Scotland on 25 January?*
    a. Columbus Day **b.** Groundhog Day **c.** Burns Night

2. Reliez les expressions ci-dessous avec la description qui correspond.

The U.S.campaign in the 1950s and 1960s to promote equality for African Americans.	**1**	**a** New Labour
A group of eight traditional universities in the US.	**2**	**b** the civil rights movement
The change to the U.S.constitution that gave freedom to former slaves.	**3**	**c** MI6
The British political party led by Tony Blair in the 1990s.	**4**	**d** the FRS
A statement in the U.S.constitution that protects freedom of speech and religion.	**5**	**e** the First Amendment
The British secret intelligence service.	**6**	**f** the Samaritans
A British charity that sends skilled people to work in other countries as volunteers.	**7**	**g** the Ivy League
The British parliament and government.	**8**	**h** the Fourteenth Amendment
A British charity that provides a phone number for seriously depressed people to ring in order to talk to somebody.	**9**	**i** Westminster
The organization that controls the supply of money in the US.	**10**	**j** the VSO

3. Reliez les phrases suivantes à leur signification.

It's like painting the Forth Bridge.	**1**	**a** Where is everybody?
He's my man Friday.	**2**	**b** That would be supplying something that is not needed.
I need a Mr Fixit.	**3**	**c** It's a never-ending job.
They sent PC Plod round.	**4**	**d** The security is excellent.
She was a real Sloane.	**5**	**e** It's very busy at work.
That would be taking coals to Newcastle.	**6**	**f** Very quickly.
This place is as safe as Fort Knox.	**7**	**g** He works for me and does many different kinds of tasks.
My office is like Grand Central Station.	**8**	**h** I need someone to organize my life and solve my problems for me.
Before you can say Jack Robinson.	**9**	**i** They sent a junior police officer to deal with it.
It's like the Mary Celeste in here!	**10**	**j** She was a rich upper-class girl from London.

Le document suivant intitulé « *Fiche modèle plan d'oral* » est un brouillon-type vierge. Il est recommandé aux candidats de le photocopier et de l'utiliser toutes les fois où ils participeront à un oral d'entraînement. De cette manière, le jour J, ils pourront reproduire ce document-type sur leur brouillon s'ils le souhaitent.

FICHE MODÈLE PLAN D'ORAL (CONCOURS D'ENTRÉE À L'ÉCOLE DES OFFICIERS DE LA GENDARMERIE NATIONALE)

1. INTRODUCTION DU CONTEXTE
INTRODUCTION DU TEXTE

2. ANNONCE DU PLAN

3. COMPTE-RENDU

4. TRANSITION

5. COMMENTAIRE 1 COMMENTAIRE 2

COMMENTAIRE 1

COMMENTAIRE 2

6. CONCLUSION

IV
Sujets et corrections proposés

Text 1: Italian police fine woman for wearing burqa in public

Richard Owen

The growing European row over bans on Muslim veils spread to Italy yesterday after a Tunisian-born woman was fined for wearing a burqa, the first time such a penalty has been imposed in the country. Amel Marmouri, 26, was stopped by carabinieri officers in a spot check outside a post office in Novara in northern Italy and given a 500 euro (£431) fine, payable within 90 days. She at first declined to lift her veil to be identified because the officers were male, but agreed when a municipal police patrol which included a woman officer was summoned. The fine was imposed under a city ordinance introduced in January in Novara banning any clothing which *"prevents the immediate identification of the wearer inside public buildings, schools and hospitals".* It marked the first time the regulation had been enforced.

Massimo Giordano, the Mayor of Novara, said the regulation was based on a 1975 national anti terrorist law making it illegal for men or women to be in public place with their faces covered. Similar local regulations have been passed at Treviso in the Veneto, Fermignano in the Marche and Montegrotto Terme near Padua. Ben Salah Braim, 36, the woman's husband and a building worker, said he would respect the regulation, but would have to confine his wife at home since the Koran forbade other men to see her face. However, Izzedin Elzir, an imam in Florence and head of the Islamic Community and Organisations Union in Italy, said it was a "matter of interpretation" whether the Koran forbade women to show their faces in public. *"We are for the freedom of women and against veils of any kind,"* he said, adding *"Italian laws must be respected."*

Mr Giordano is a member of the anti-immigration Northern League Party, which has campaigned against the building of mosques in northern Italy. He said he had issued the new regulation *"for reasons of security, but also so that people who*

came to live in our city respect our traditions and customs". He added: *"The regulations in Novara specifically cover people wearing clothing that prevents them from being identified in a public place, and a post office is a public place. The same would also apply to a motorcyclist who walked into a post office wearing a crash helmet. The people of Novara do not want to see people walking around in the city wearing a burqa."*

Isabella Bossi Fedrigotti, a novelist and social commentator, said any husband who forced his wife to stay at home would pay the price by having to *"take the children to school or the doctor, do the shopping, pay the bills and go to the bank or post office".*

The Times, May 5, 2010 © The Times

A – ORAL PRESENTATION

1 – INTRODUCTION DU TEXTE ET DU CONTEXTE

European countries have recently been faced with a rise in the number of women wearing a burqa. In France it is estimated that about 2,000 women wear the full-length veil. This corresponds to a desire among Muslim communities all over Europe to reassert their religious identity and to obtain the freedom to worship as they want. In Switzerland, a referendum was even held in 2009 for or against minarets subsequently outlawed, while in April 2010 Belgium overwhelmingly approved a bill making it an offence to wear a full Islamic face veil in public. This issue has thus raised a strong debate all over Europe…

INTRODUCTION TEXTE

…As illustrated in this text which is a **newspaper article taken from** the British daily newspaper *The Times*, published on 5 May 2010. **It is entitled** *"Italian police fine woman for wearing burqa in public"* and Richard Owen, the journalist, **deals with** a similar debate affecting Italy after a woman was fined by the police for wearing such a veil in a public place.

2 – ANNONCE DU PLAN

Let us first summarize the main ideas of the text, before commenting on some of its aspects.

3 – COMPTE-RENDU

This text can be divided into two main parts: first, the description of the case, a common way of starting a newspaper article, then, the reactions of different people involved or not in this case.

The journalist **first explains** how a woman was fined in Italy, in the town of Novara, for wearing a burqa in the streets because she did not respect a city ordinance voted in January. Under this decision, it is strictly forbidden to wear some clothes making it impossible to be identified in public places by others, including the police. That is why this woman had to be identified by police officers. Since she refused to show her face to a male officer, a patrol with a woman was summoned and the Italian woman was identified by the woman officer.

Then, Richard Owen **provides his readers with** different points of view on such an issue. **On the one hand**, he **quotes** the woman's husband who explains he will have to forbid his wife to go out since he would like to respect both the city ordinance and the Koran. **On the other hand**, the journalist **mentions** Massimo Giordano, the city Mayor, who **insists on the fact** that people must be identified in public places for security reasons, especially to fight terrorism, and **reminds** that many other Italian cities have made similar decisions. He is indirectly supported by an imam who considers the subject as, **I quote**, *"a matter of interpretation"*. He **indeed** considers the Koran does not oblige women to cover their faces. This article is ironically ended since Richard Owen quotes Isabella Bossi Fedrigotti, a novelist and social commentator: she **highlights** the fact that husbands willing to oblige their wives to wear a burqa in public places would have to take up many tasks usually carried out by their wives, such as shopping, and so on. **As a consequence**, they would be the biter bit!

4 – TRANSITION

So much for my summary. Let us now turn to my commentary, which will focus on two main points:

5 – COMMENTAIRE 1

First, the tricky debate raised by this issue between freedom and security,...

COMMENTAIRE 2

...**Then**, the proposals that can be made to solve the problem.

COMMENTAIRE 1st part: Freedom vs. security

First of all, ever since the World Trade Centre attacks in 2001, and even more since the terrorist bombings that hit London in July 2005, European countries have deeply feared terrorist attacks and, as a result, have introduced several measures to guarantee their peoples' security. Britain has probably been one of the sternest countries since Parliament voted several staunch acts severely affecting freedom such as the 2005 Prevention of Terrorism Act, providing that terror suspects were to be submitted to control orders and introducing severe restrictions on personal liberty, even though the precise nature of the charge was not specified to them. Three years later, the 2008 Counter-Terrorism Act allowed for a twenty-eight-day period of detention without charge. People needed to be reassured and the Muslim community has especially been targeted in the British government's counter-terrorism policy.
France had to deal with similar cases to the one mentioned in this article. A woman was arrested in Nantes in 2010 by the police while driving her car. She was fined for wearing a burqa on the ground that she did not respect an obligation to see the road clearly, in other words for dangerous driving, another aspect of safety policies. There were strong reactions in the country since some people argued the fine was a breach to individual freedom, and especially freedom of religion. Yet, members of the French government reminded citizens that there already existed a law forbidding to cover one's face in public places for security reasons, this law being useful during demonstrations.

Nevertheless, the debate has become one opposing freedom and security and raising the following question: to what extent are people ready to give up part of their freedom, including their freedom of religion, to feel more secure? Aren't such decisions in contradiction with the European Convention on Human Rights? Isn't such a debate on the burqa in western countries also an opportunity to open another one on women's, especially Muslim women's, freedom? Which solutions can be offered?

COMMENTAIRE 2nd part: Which solutions can be offered?

Some European countries have decided to legislate on the issue. France's lower house of parliament voted in July 2010 to ban full-length Islamic veils in public places, and the vote was confirmed by the French Senate in September 2010 and validated by the Constitutional Council in October 2010. The burqa is a complete head-to-toe covering, while the niqab leaves the eyes uncovered. The bill, which critics say stigmatizes immigrants, bans people *"from wearing, in a public place, garments designed to cover the face."* Offenders would be fined 150 euros or required to take part in a citizenship class. Forcing someone to cover their face would be punishable by a one-year prison sentence and a 30,000-euro fine. The law does not apply if the face is covered for carnivals or artistic events. So far in Europe, only Belgium had made wearing the burqa or niqab a criminal offence, although movements to ban the garments are gathering pace. Polls in Italy, Spain, Germany and Britain have indicated widespread support. 67% of British people want the burqa to be banned in public places. **However,** the debate does not raise the same arguments in Britain as in France since the latter country is a secular state with a clear separation between church and state. Headscarves are already banned from state primary and secondary schools under a law against conspicuous religious symbols that also includes Jewish kippas and large Christian crosses. **Yet**, such a move could be much more difficult in Britain, a country which has always accepted and respected other religious denominations. The British Parliament is thus very unlikely to vote such an act.
Nevertheless, such bans discriminate against Muslims and create a climax of suspicion and hostility towards immigrant communities, even if the wearing of the burqa also presents immense practical difficulties in a country where you have to prove your identity to withdraw money in a bank, to pick your child up from school or to show your monthly buss pass.

6 – CONCLUSION

To conclude, the journalist in this article deals with a topical issue in European countries and sums up the arguments raised for and against the wearing of Muslim veils in public places. By quoting several persons, he **clearly indicates** that the issue at stake is that of freedom, but which one: freedom of religion or freedom to live, as stressed by Tony Blair, the former British PM, who declared after the July 2005 bombings in London that his concern was *"to protect people in this country and to make sure their safety and their civil liberty to life come first"*?

B – FREQUENTLY ASKED QUESTIONS

Question 1: What does PM stand for?
PM stands for Prime Minister in Britain.

Question 2: What does ECHR stand for?
ECHR stands for European Convention on Human Rights, an international treaty to protect human rights and fundamental freedoms. Drafted in 1950 by the then newly formed Council of Europe, the convention entered into force on 3 September 1953. It established the European Court of Human Rights. Any person who feels his or her rights have been violated under the convention by a state can take a case to the court.

Question 3: What do you know about anti-terrorism legislation and the issue of civil liberties in Britain?
After the World Trade Center attacks in September 2001, concern for security continued to grow in Britain and a number of Acts relating to terrorist offences were adopted by the British Parliament, thus increasingly limiting the British subjects' individual rights. Even before 11 September, the 2000 Terrorism Act introduced a wider definition of a terrorist offence.

The 2005 Prevention of Terrorism Act provided that terror suspects were to be submitted to control orders, imposing severe restrictions on personal liberty, even though the precise nature of the charge was not specified to them.

Finally, the 2008 Counter-Terrorism Act, the last piece of legislation on the subject to have been adopted by the British Parliament in 2010, allowed for a twenty-eight-day detention period without charge, which raised an uproar in Britain among human rights activists, lawyers and some politicians. Similarly, the country decided to set up a nationwide DNA database, in which the genetic profiles of people who had been arrested, but had not been convicted *(reconnues coupables)*, could be retained for as long as twelve years. This particular measure was dropped in November 2009 by the British government after the European Court of Human Rights ruled that this was illegal. The ID card scheme (the introduction of national identity cards) was quietly reintroduced in July 2009.

Question 4: What are the different European policies on Muslim veils?
BELGIUM: Belgium's lower house on April 29 2010 overwhelmingly approved a bill making it an offence to wear a full Islamic face veil in public. The bill envisages fines of 15-25 euros (about $20 to $33) and imprisonment for up to seven days. The expected approval by the upper house, or Senate, has been delayed by post-election coalition talks.

GERMANY: Germany's Interior Minister in May 2010 rejected calls to ban full veils, though the policy is a matter for the 16 individual regional states. Seven of them have banned teachers in state schools from wearing Islamic headscarves, angering Muslim groups. Most of Germany's more than 4 million Muslims are of Turkish origin.

ITALY: Italy has not passed any national legislation but some towns have been trying to ban burqas with local decrees. A 1975 law stipulates fines and up to two years in jail for those who cover their face with anything that prevents their identification by police. A twenty-six-year-old Tunisian woman was fined 500 euros under a local bylaw for wearing a face veil while walking to a mosque in the northern Italian city of Novara in May. The bylaw was introduced in January by the mayor, and bans clothing in public that prevents identification by police (case described in the article under consideration).

NETHERLANDS: The Dutch government has decided that a broad ban on full veils would violate the principle of freedom of religion, but is considering banning them from schools and government offices. Representatives of the Netherlands' 1 million Muslims say very few women wear the burqa or the niqab, and that a general ban would heighten the community's alienation.

SPAIN: In June 2010 Barcelona became the first big city in predominantly Roman Catholic Spain to forbid full face veils in public buildings such as markets and libraries. Barcelona Mayor Jordi Hereu resisted calls to ban them in all public spaces because he said it was outside the jurisdiction of a municipality. The ban is due to take effect after the summer.

SWITZERLAND: While federal leaders mostly oppose a national ban on face veils, right-wing politicians in Aargau, Bern and Solothurn cantons have started to impose regional bans.

TURKEY: Mainly Muslim but constitutionally secular, Turkey bans Islamic head-dress in universities and public offices, although the issue is a focus of intense controversy between Muslims and secularists.

(Source: Reporting by Reuters bureau.)

C – SUGGESTED TRANSLATION

Italie : la police condamne une femme à une amende pour port de burqa en public / Italie : une femme portant une burqa en public reçoit une amende

La controverse qui progresse en Europe au sujet de l'interdiction des voiles musulmans a gagné hier l'Italie à la suite de la condamnation à une amende d'une femme originaire

de Tunisie pour port de burqa, première fois qu'une telle peine est infligée dans le pays. Amel Marmouri, vingt-six ans, s'est vue barrer le chemin par des officiers carabiniers procédant à des contrôles devant un bureau de poste à Novara dans le nord de l'Italie et a reçu une amende de 500 euros (431 livres sterling), payable sous quatre-vingt-dix jours. Elle a, dans un premier temps, refusé de soulever son voile pour être identifiée parce que les officiers étaient de sexe masculin, mais s'est ravisée quand une patrouille de la police municipale comprenant une femme officier a été appelée sur les lieux. L'amende a été infligée en vertu d'un arrêté municipal voté à Novara en janvier et interdisant à quiconque de porter tout vêtement *« empêchant son identification immédiate à l'intérieur des bâtiments publics, des écoles et des hôpitaux »*. Cet épisode marquait la première fois que la réglementation était appliquée.

Massimo Giordano, le maire de Novara, a déclaré que cet arrêté s'appuyait sur une loi anti-terroriste nationale datant de 1975 et rendant illégal pour les hommes ou les femmes le fait d'être à visage couvert en public. Des réglementations locales identiques ont été adoptées à Trévise en Vénétie, à Fermignano dans les Marches et à Montegrotto près de Padoue. Le mari de cette femme, Ben Salah Braim, ouvrier du bâtiment de trente-six ans, a déclaré qu'il respecterait la réglementation, mais qu'il serait obligé de consigner sa femme à la maison puisque le Coran interdit à d'autres hommes de voir son visage. Cependant, selon Izzedin Elzir, imam de Florence à la tête de l'Union des Communautés et des Organisations Islamiques en Italie, c'est *« une question d'interprétation »* que de savoir si le Coran interdit aux femmes de montrer leur visage en public. *« Nous sommes pour la liberté des femmes et contre les voiles de toute sorte »*, a-t-il dit, avant d'ajouter que *« les lois italiennes doivent être respectées »*.

M. Giordano est membre de la Ligue du Nord, parti opposé à l'immigration qui a mené campagne contre la construction de mosquées dans le nord de l'Italie. Il a affirmé avoir adopté cette réglementation « pour des raisons de sécurité, mais également pour que les gens venus vivre dans notre ville respectent nos traditions et nos coutumes ». Il a ajouté : *« Les réglementations en vigueur à Novara concernent spécifiquement les personnes qui portent des habits empêchant leur identification dans un lieu public, et un bureau de poste est un lieu public. La même règle s'appliquerait également à un motocycliste qui entrerait dans un bureau de poste le casque sur la tête. Les habitants de Novara ne veulent pas voir des gens se promener en ville vêtus d'une burqa. »*

Isabella Bossi Fedrigotti, romancière et reporter sur la société, a déclaré que tout mari forçant sa femme à rester à la maison en paierait le prix en se voyant obligé *« d'emmener les enfants à l'école ou chez le médecin, de faire les courses, de payer les factures et d'aller à la banque ou à la poste »*.

Text 2: City wants a smoking ban on beaches

Eirini Vourloumis for *The New York Times.*

Beware all you New Yorkers and tourists who have yet to kick the habit.

Mayor Michael R. Bloomberg, who has already banned smoking in restaurants and bars, wants to prohibit it in much of the great outdoors: parks, beaches and even pedestrian malls and plazas like those around Times Square, on Ocean Parkway in Brooklyn and Broadway on the Upper West Side. The proposed law, which is to be introduced to the City Council on Thursday, would cover all 1,700 parks, playgrounds and recreational facilities, and 14 miles of city beaches, as well as boardwalks, public marinas and the public pedestrian malls and plazas.

City health officials proposed a smoking ban in parks and beaches last year, but the mayor seemed to be caught off guard by the idea and did not immediately embrace it. But after he and his health commissioner, Dr. Thomas Farley, spent months looking at studies, Mr. Bloomberg delivered a broadside against second-hand smoke at a news conference on Wednesday and said that one poll showed 65 percent of adults were with him. Research showed, he said, that someone seated within three feet of a smoker – even in the open air – was exposed to roughly the same levels of secondhand smoke as someone sitting indoors in the same situation. *"When New Yorkers and visitors go to parks and beaches for fresh air, there will actually be fresh air for them to breathe,"* the mayor said. *"Most people don't like their beaches being used as ashtrays."* Mr. Bloomberg was something of a pioneer when he proposed the ban on smoking in bars and restaurants in 2002, but he noted that hundreds of cities and towns across the country, including Chicago and Los Angeles, have already banned smoking in parks and beaches. And the success of the restaurant and bar ban, which was fiercely debated at the time, has since gained widespread acceptance, and could dampen any outcry over the new proposal.

Still, Jack Regan, 49, an information technology worker and a casual smoker, was not jumping on board. *"What do I have to do now, go sit in a hole in the wall?"* Mr. Regan asked on Wednesday. *"An underground cave? An underground fortress of shame?"* Lula Trainor, 28, a yoga teacher who quit smoking four years ago, pronounced the ban *"stupid."* *"It's outside, it's not like there's no ventilation,"* she said. *"You can always walk away from a smoker, but they should have the choice to smoke."* But others welcomed the idea. Melissa Sullivan, 32, of Greenpoint, Brooklyn, said her 1-year-old daughter's playmate had picked a cigarette butt off the ground and almost put it in her mouth. *"There is a baby boom in the neighborhood," Ms. Sullivan said. "As a mom, I don't want my baby to see smoking and think it's acceptable."*

A – ORAL PRESENTATION

1 – INTRODUCTION DU TEXTE ET DU CONTEXTE

In France, we have heard about the smoking ban in public places, sometimes difficult to enforce, and the famous Evin Law. **But** it seems that other people elsewhere want to go one step further. California, for instance, considered in October 2007 introducing a smoking ban in vehicles carrying children or young persons under eighteen, and New York City intends to enlarge the existing smoking ban in public places…

INTRODUCTION DU TEXTE

…As illustrated in this text, which is a **newspaper article taken from** the American daily newspaper *The New York Times*, published on 15 September 2010. **It is entitled** *"City wants a smoking ban on beaches"* and Eirini Vourloumis, the journalist, **deals with** a decision made by the Mayor of New York in the U.S.to ban smoking in outdoor places such as parks and beaches.

2 – ANNONCE DU PLAN

Let us first summarize the main ideas of the text, before commenting on some of its aspects.

3 – COMPTE-RENDU

This text can be divided into three parts: first, the description of Michael Bloomberg's decision, then, the main reason why he made such a decision, and finally, different reactions to his move.

First of all, Eirini Vourloumis precisely **depicts** how Michael Bloomberg, the Mayor of New York wants to extend the smoking ban that he introduced himself a few years ago and that is already enforced in closed public places to outdoor ones such as parks and beaches. Even shopping malls will fall under the ban if it is adopted by the City Council. Very famous places in New York are given as examples: Times Square, the Upper West Side, and so on.

Then the journalist underlines the main reason for the about-turn of the Mayor who had rejected the idea of such a ban the previous year. After examining numerous scientific studies on the issue and noting that a majority of people favoured the ban, he decided that outdoor smoking was just as dangerous for people around smokers as indoor smoking: secondhand smoking is thus at stake here.

Finally, readers are provided with three people's reactions. The first two ones are firmly opposed to the extension of the smoking ban: **the first one**, Jack Reagan, a casual smoker, asks whether he will have to hide himself to be able to smoke while **the second one**, Lula Trainor, a former smoker, considers non smokers can just walk away. **Eventually** Melissa Sullivan deems that it will be good for young people who will no longer see a bad example in the streets.

4 – TRANSITION

So much for my summary, let us now turn to my commentary, which will focus on two main points:

5 – COMMENTAIRE 1

first, the gradual awareness of the dangers of smoking on health,

COMMENTAIRE 2

then, the debate between privacy and freedom.

COMMENTAIRE 1st part: The gradual awareness of the dangers of smoking on health

After World War II, smoking was thought to be cool, and was clearly associated with liberty and pleasure. To smoke a cigarette was supposed to be trendy as it was shown in the most famous American advertisement for the tobacco brand Marlboro and its unforgettable representative/spokesman, the cowboy. Nevertheless, people gradually became aware that smoking actually killed men and women. The multiplication of lung cancers and heart problems due to an addictive habit were put to light.

Even more shocking were the revelations that cigarettes manufacturers knew about the dangers, the poisonous and addictive nature of the components of cigarettes, which led to a total ban on smoking in some cities and countries all around the world. In his film *The Insider* (1999), based on a true story, Michael Mann **draws the gripping exposé of** the cigarette industry. This is the story of a former research employee of tobacco giants Brown&Williamson who is contacted by '60 Minutes' producer. This employee reveals that B&W were aware their product contained dangerously high levels of nicotine, likely to cause cancer. He is then asked to testify in a lawsuit. **Fiction has even now come true** since in February 2009 U.S.tobacco giant Philip Morris was sentenced to pay $8 million in damages to the widow of a smoker who died of lung cancer in a case that could set a standard for roughly 8,000 similar lawsuits just in Florida.

Other cases will most certainly follow since about 9,000 cases by smokers have been given leave to file as individual claim. Damages could run into tens of millions of dollars. **For instance**, Alan Landers, as the Winston man, appeared in hundreds of magazine and billboard advertisements in the 1960s and 1970s, portraying smoking as stylish and attractive. Now, as he battles late-stage throat and lung cancer and with his voice reduced to a hoarse whisper, Landers, 68, is suing his former employers in a multimillion dollar lawsuit, claiming their products destroyed his health. After he was diagnosed in 1987, Landers became a spokesman for the World Health Organisation and teamed up with Wayne McLaren, the one-time face of Marlboro cigarettes, as anti-smoking campaigners. Two other former Marlboro men, Dick Hammer and David McLean, died of lung cancer.

Nowadays, the second stage is the fight against secondhand smoking, which is more pernicious, particularly harmful for children because they are the passive recipients of their parents' behavior. This means that new decisions will be made by countries.

After such a landmark decision, several questions are raised particularly regarding the tricky issue of privacy and freedom.

COMMENTAIRE 2nd part : The tricky issue of privacy and freedom

Such a decision **raises many questions regarding** privacy and freedom, particularly in the US, as illustrated by Lula Trainor's reaction in the text under consideration: she **insists on** the notion of 'choice' that should be smokers' rights. One of the paramount values in American life is the protection of privacy, guaranteed as a constitutional right and secured by Amendment IV to the U.S.constitution, passed by Congress in 1791: *"The right of the people to be secure in their persons, houses, papers, and effects, against unreasonable searches and seizures, shall not be violated, and no warrants shall issue, but upon probable cause, supported by oath or affirmation, and particularly describing the place to be searched, and the persons or things to be seized."* **Indeed**, smoking can be regarded as a private behavior and some may say that it is up to everyone to decide to smoke or to quit. With such a decision, it may be said that the state substitutes its own responsibility to that of everyone. It interferes with personal lifestyles or the property rights of business owners.

As a result, the main argument put forward by the decision's opponents is that the government plays the role of a nanny who controls everything related to people's private lives. Should the same sort of decision be made for alcohol, for instance? To a certain extent yes since it is already forbidden to consume alcohol in parks in New York. **Besides**, Michael Bloomberg also intends to prohibit sugar containing food. Where does everyone's liberty start and end?

As a matter of fact, such a decision may seem too extreme and thus quite difficult to enforce.

---

6 – CONCLUSION

To conclude, the journalist in this article describes a landmark decision made by local authorities which may be copied in other places. This could be the first step towards a total ban on smoking. **Nevertheless**, we can imagine that the tobacco industry is not going to accept such a move easily and will probably put pressure on the state to overturn it. In October 2010, the city council had not yet voted the ban.

B – FREQUENTLY ASKED QUESTIONS

Question 1: What does the word 'City' refer to?
The word **"City"** used in the title refers here to New York City.

Question 2: Are there any other smoking bans in the world?
Yes there are.

The Republic of Ireland was the world's first country to introduce a full workplace smoking ban. The main opposition was from publicans. The Irish workplace ban was introduced with the intention of protecting workers from passive smoking (or 'second-hand smoke', the expression used in the text under consideration) and to discourage smoking in a nation with a high percentage of smokers. Many pubs introduced 'outdoor' arrangements (generally heated areas with shelters). It was speculated by opponents that the ban would increase the amount of drinking and smoking in the home, but recent studies showed this was not the case. Ireland's Office of Tobacco Control website indicates that "an evaluation of the official hospitality sector data shows there has been no adverse economic effect from the introduction of this measure (the March 2004 national ban on smoking in bars, restaurants, etc). It has been claimed that the ban was a significant contributing factor to the closure of hundreds of small rural pubs, with almost 440 fewer licenses renewed in 2006 than in 2005.

The ban came into effect in Scotland on 26 March 2006, in **Wales** on 2 April 2007 and in England on 1 July 2007. Six months after the ban's implementation in Wales, the Licensed Victuallers Association (LVA), which represents pub operators across Wales, claimed pubs had lost up to 20 % of their trade. The LVA says some businesses were on the brink of closure, others had already closed down, and there was little optimism trade would eventually return to pre-ban levels. The British Beer and Pub Association (BBPA), which represents pubs and breweries across the U.K. claimed beer sales are at their lowest level since the 1930s. Since 1 July 2007 smoking bans have been in effect across **the whole of the U.K.**. Smoking bans were introduced in each country of the United Kingdom separately as decided by the devolved administrations in Scotland, Wales and Northern Ireland, and the U.K. Parliament acting for England (cf 2e partie II D : Devolution[1]).

Smoking in France was first restricted in the 1991 Évin law, which contains a variety of measures against alcoholism and tobacco consumption. A much stronger smoking ban was introduced on 1 February 2007, however, French smokers ignore the ban due to low enforcement.

1 p. 74.

In the US, each state has enforced its own regulation policy. In New York, Michael Bloomberg, who took office in 2002, had already introduced a smoking ban in bars and restaurants in 2003. Several other places in the United States have already banned smoking in public outdoors spaces, including Belmont and Burbank in California and the state of Iowa.

C – SUGGESTED TRANSLATION

New York demande une interdiction de fumer sur les plages

Le maire Michael R. Bloomberg, déjà à l'origine de l'interdiction de fumer dans les restaurants et les bars, veut étendre celle-ci à une grande partie des espaces se trouvant au grand air : les parcs, les plages et même les rues piétonnes et les places comme celles situées autour de Times Square, sur Ocean Parkway à Brooklyn et Broadway dans l'Upper West Side. La proposition de loi, qui doit être présentée au conseil municipal jeudi, couvrirait l'ensemble des 1 700 parcs, aires de jeux et infrastructures dédiées aux loisirs, ainsi que les vingt kilomètres de plages municipales, tout comme les promenades, les marinas publiques et les rues piétonnes et places publiques.

Les employés municipaux en charge de la santé avaient proposé l'an passé une interdiction de fumer dans les parcs et sur les plages, mais le maire semblait avoir été pris au dépourvu par cette idée et ne l'avait pas retenue immédiatement. Mais après des mois passés à lire des études avec son responsable de la santé, le Docteur Thomas Farley, M. Bloomberg s'est livré lors d'une conférence tenue mercredi à une attaque cinglante à l'encontre du tabagisme passif et a déclaré que selon un sondage 65% des adultes le soutenaient. La recherche a montré, a-t-il ajouté, que quiconque assis à moins de soixante centimètres d'un fumeur, même en plein air, était exposé plus ou moins aux mêmes quantités de fumée qu'une personne dans la même situation à l'intérieur.

Néanmoins, Jack Reagan, employé en informatique de quarante-neuf ans et fumeur occasionnel, ne partageait pas ce point de vue. *« Que dois-je faire à présent, aller me mettre dans un trou dans le mur ? »* a demandé mercredi M. Reagan. *« Une cave sous terre ? Une forteresse souterraine de honte ? »* Lula Trainor, professeur de yoga de vingt-huit ans qui a arrêté de fumer il y a quatre ans, a qualifié l'interdiction de *« stupide »*. *« C'est dehors, ce n'est pas comme s'il n'y avait pas de ventilation »*, a-t-elle dit. *« Vous pouvez toujours vous éloigner d'un fumeur, mais fumer devrait être un choix. »* D'autres ont cependant bien accueilli l'idée. Melissa Sullivan, trente-deux ans, vivant à Greenpoint, Brooklyn, a déclaré que la camarade de jeu de sa fille âgée d'un an avait ramassé un mégot de cigarette par terre et avait failli le mettre à la bouche. *« On assiste à un boom des naissances dans le quartier »*, a expliqué Mme Sullivan. *« En tant que maman, je ne veux pas que mon bébé voie des gens fumer et pense que c'est acceptable. »*

Text 3: Killer was a thief who could have been refused a firearms licence

Sean O'Neill, Adam Fresco, Richard Ford and Mike Wade

Police could have refused to give Derrick Bird a firearms licence because he was a convicted thief. Bird, 52, who used legally held guns to murder 12 people and wound 11 in Cumbria on Wednesday before shooting himself, was found guilty of theft in 1990 and given a 12-month suspended jail sentence. The theft was of building materials from the Sellafield nuclear power plant, where he worked as a joiner from 1978 to 1990, and led to his resignation. But it did not prevent him from successfully applying to Cumbria police for a shotgun licence in 1995 and having it renewed every five years. Police last visited Bird about his fitness to possess guns in 2007 when he was granted another licence for a .22 rifle that he said he wanted *"for shooting vermin and recreational target practice"*. The rifle and the shotgun were used in the massacre. Of those who were injured, seven remain in hospital in Cumbria. Three are stable and four comfortable. One person, who is in hospital in Newcastle upon Tyne, is also in a stable condition.

[...] Detective Chief Superintendent Iain Goulding, who is leading the inquiry into the killings, said that Bird had *"a number of firearms lawfully in his possession"* and had no record of mental health problems. The Home Office said that individual chief constables had discretion to grant or refuse a firearm licence but because Bird was not sent to prison he was not automatically barred from holding a firearm. Firearms Form 101 requires applicants to declare all convictions including spent convictions and those incurred abroad.

[...] One former chief constable of a major force said, however, that criminals should never be given gun licences. He told *The Times*: *"This man has been to court, he got a 12-month suspended sentence those are worrying considerations. Frankly I wouldn't give a gun to anyone with a record. Criminals do not deserve to be carrying firearms."* [...] David Cameron sought to avoid being rushed into 'knee-jerk' changes to gun laws and said: *"You can't legislate to stop a switch flicking in someone's head and for this dreadful sort of action to take place."*

Two areas that the review is certain to focus on are whether adequate checks are made on applicants and whether doctors should have a central role in the process. [...] To try to explain why Bird killed 12 people on Wednesday morning is the key task for detectives. Mr Goulding added: *"Our aim is now to uncover the truth, to answer the questions we all have. What were Bird's movements in the hours and days leading up to these murders? What was his state of mind? What weapons did he use and why did he do it? [...]"*

The Times, June 4, 2010 © The Times

A – ORAL PRESENTATION

Afin de guider les étudiants vers de plus en plus d'autonomie, le corrigé de ce troisième texte n'a pas été rédigé à dessein. Il s'agit de mettre en lumière les parties du brouillon qui doivent être rédigées et celles qui ne doivent pas l'être soit parce qu'elles sont connues par cœur, soit parce qu'un style télégraphique est employé. Chacun doit donc pendant sa préparation personnelle élaborer son propre système de prise de notes. Celui qui est suggéré ici ne l'est qu'à titre purement indicatif [1].

1 – INTRODUCTION DU TEXTE ET DU CONTEXTE

The United States has in the last few years been familiar with killings, particularly in schools, as in Columbine, an event which inspired Michael Moore for his famous film, *Bowling for Columbine*. But they are not the only country affected by such terrible disasters and Europe is no longer preserved. Nobody has forgotten those that happened in Germany in March 2009 or in Dunblane, Scotland, in 1996. Since Dunblane in 1996, there have been eleven school massacres across Europe, which left at least seventy people dead and eighty wounded. Clearly Europe has a problem to which there is no simple solution…

INTRODUCTION TEXTE

…As **illustrated in this text**… **a newspaper article taken from** the British daily newspaper *The Times*, **published on**… .
It is entitled… and… was written by… The journalists **deal with** the case of a man in Britain who had managed to obtain a firearms licence despite his criminal record.

2 – ANNONCE DU PLAN

Let us first summarize the main ideas of the text, before commenting on some of its aspects.

3 – COMPTE-RENDU

Two parts:
- The facts of the case: bloodshed committed by Derrick Bird and the number of victims, then his criminal record to explain people's lack of understanding. Why allowed to possess firearms?

1 Voir la partie *Acquisition d'une méthode*.

•Different reactions:
- First, Detective Chief Superintendent Iain Goulding, leading the inquiry into the bloodshed: he reminds the legal obligations and the questions raised by the inquiry.
- Then, a former chief constable: he does not understand how the man could have firearms.
- Finally, PM David Cameron: unwilling to introduce emergency measures.

4 – TRANSITION *(par cœur)*

So much for my summary. Let us now turn to my commentary, which will focus on two main points:

5 – COMMENTAIRE 1

First, the role played by the police in the management of weapons, ...

COMMENTAIRE 2

...**Then**, the gun issue in the world.

COMMENTAIRE 1st part: The role played by the police

• In France: difficult to obtain a gun, a right limited to members of police forces or people practicing shooting in clubs. Yet apparently easier in England and Wales, where people just have to fill in a form to obtain a firearms licence. The decision is left to the discretionary powers of chief police officers. As a result, a huge responsibility. Difficult to assess applicants' mental health.
• So necessary to reform the process: possible to have recourse to doctors, i. e. to add a meeting with a psychologist able to assess if applicants can have a licence. Better and more frequent controls.
• And yet, a higher amount of killings in the U.S.where guns are a real issue.

COMMENTAIRE 2nd part: The gun issue

•A real issue in the US: gun lobbies vs supporters of gun control, opposed arguments (increased security vs rise in crimes due to weapons possessed by people). Right to have a gun; Second Amendment to the Constitution: *"A well regulated Militia, being necessary to the security of a free State, the right of the people to keep and bear Arms, shall not be infringed."* Yet outdated decision. Difficult to change the Constitution. Ex: Bill Clinton and the Democrats in the late 1990s: many seats lost. Due to the power of lobbies such as the NRA, or National Rifle Association.
•Also problems in other countries: difficult controls. Yet, easy to get weapons.

6 – CONCLUSION

To conclude, the journalist in this article describes a terrible case in England which left several people dead and raised again the difficult issue of guns. If European countries are less the victims of such events than the US, the fact remains that it is not so difficult to get a weapon even in England.

B – FREQUENTLY ASKED QUESTIONS

Question 1: Who is David Cameron?
David Cameron has been Britain's Prime Minister ever since May 2010. He is the leader of the Conservative Party and he formed a coalition with the Liberal Democrats headed by Nick Clegg.

Question 2: What is the Association of Chief Police Officers (ACPO)?
Chief officers of all police forces strive to deliver effective policing at local, regional and national levels. ACPO is a voluntary association of chief officers bringing together their experience and expertise to help achieve those aims on behalf of the public. ACPO is wholly accountable to chief officers who in turn, are each accountable to the people they serve and to police authorities at a force level. It is not a staff association (the separately constituted Chief Police Officers' Association fulfils that function). ACPO's work is on behalf of the Service, rather than its own members. ACPO's members are police officers who hold the rank of Chief Constable, Deputy Chief Constable or Assistant Chief Constable, or their equivalents, in the forty four forces of England, Wales and Northern Ireland, national police agencies and certain other forces in the U.K., the Isle of Man and the Channel Islands, and certain senior non-police staff. There are presently 349 members of ACPO.
(Source: http://www.acpo.police.uk/about.html, consulted in October, 2010)

Question 3: What is the position of ACPO on this topic?
Following the killings in Cumbria, ACPO published a press release explaining the measures the association intended to take:

> ACPO to support peer reviews following Cumbria killings
>
> The Association of Chief Police Officers will support a number of peer reviews following the 12 killings in Cumbria, the Prime Minister announced today.
>
> ACPO President Sir Hugh Orde said:
>
> "Following the tragic events in Cumbria, as with any major incident, the public would expect that we should take steps to ensure that colleagues across the police service are made aware of the facts of what happened and of any lessons that can be learnt. These peer reviews will benefit from being led by the senior police officers who hold the professional lead in their areas of expertise across the police service in England, Wales and Northern Ireland. They are therefore uniquely placed to identify the issues going forward."
>
> The reviews will consist of:
>
> 1. Firearms licensing – the ACPO lead on firearms licensing Assistant Chief Constable Adrian Whiting will review the file and the procedures adopted in relation to the award of a firearm licence and shotgun certificate to Mr Bird.

2. Firearms response – this will be led by ACPO on police use of firearms Assistant Chief Constable Simon Chesterman. It will cover the response and resources available to deploy to the scene.

3. Firearms tactics and manual – this will follow from the conclusion of the first two reviews and examine whether any accumulated learning should lead to changes to the ACPO firearms manual or tactics. The Chief Constable of Cumbria Constabulary Craig Mackey has written to ACPO President Sir Hugh Orde requesting endorsement of these peer reviews in relation to the events in Cumbria.

It is expected that these peer reviews will be concluded by the autumn and will be made public when available."

Source:http://www.acpo.police.uk/asp/news/PRDisplay.asp?PR_GUID={1299A770-2D94-404F-91FB-A95E7C7E48A5}, consulted in October, 2010.

Question 4: What are the different ranks of police officers?
Most constables in modern jurisdictions are law enforcement officers; in the United Kindgom, Commonwealth of Nations and some European countries, a constable is the lowest rank of police officer (it is also, when preceded by the term 'sworn', used to describe any police officer with arrest and other powers), while in the United States a constable is generally an elected peace officer with lesser jurisdiction than a sheriff. However, in the Channel Islands a constable is an elected office-holder at the parish level.

Within the British Police, Constable is the starting rank in all police forces. All police officers hold the office of a Constable. Upon being sworn in, each officer starts at the rank of Constable and is required to undergo a two-year probationary period. Upon successful completion, Constables can remain at their current rank, specialise in criminal investigations, or apply for promotion to Sergeant, the first supervisory rank. Constables wear an epaulette attached to the uniform, displaying their personal identification number. Within Greater London's Metropolitan Police, all Constables and Sergeants display a divisional call sign, as well as an individual number. The rank of Detective Constable (DC) is not senior to that of a uniformed Constable, the 'detective' prefix identifies the officer as being part of CID or other investigative unit.

C – SUGGESTED TRANSLATION

Le tueur était un voleur à qui l'on aurait pu refuser un permis de port d'armes

La police aurait pu refuser d'accorder un permis de port d'armes à Derrick Bird parce qu'il avait été reconnu coupable de vol. M. Bird, cinquante-deux ans, qui

a utilisé des armes qu'il détenait en toute légalité pour abattre douze personnes et en blesser onze autres en Cumbrie mercredi avant de retourner l'arme contre lui, avait été reconnu coupable de vol en 1990 et condamné à douze mois de prison avec sursis. Il s'agissait d'un vol de matériaux de construction perpétré à la centrale nucléaire de Sellafield, où il a travaillé comme menuisier de 1978 à 1990, vol à l'origine de sa démission. Mais cela ne l'a pas empêché de demander, et d'obtenir en 1995, auprès de la police de Cumbrie, un permis pour un fusil de chasse, et de le faire renouveler tous les cinq ans.

[...] Iain Goulding, commissaire divisionnaire de la police judiciaire, à la tête de l'enquête sur ces meurtres, a déclaré que Bird avait *« légalement en sa possession un certain nombre d'armes à feu »* et n'avait aucun antécédent de problèmes mentaux. Selon le ministère de l'Intérieur, c'est à chaque directeur de police de décider d'accorder ou de refuser un permis de port d'armes mais vu que Bird n'avait pas fait de prison, il n'avait pas automatiquement interdiction de détenir une arme à feu. En vertu du formulaire sur les armes à feu n° 101, les candidats ont l'obligation de déclarer toutes leurs condamnations, dont les condamnations effectuées et celles reçues à l'étranger.

[...] Un ancien commissaire de police d'un service important a cependant affirmé qu'un criminel ne devrait pas obtenir de permis de port d'armes. Il a déclaré au *Times* : *« Cet homme est passé devant un tribunal, il a été condamné à douze mois de prison avec sursis ; ce sont des considérations inquiétantes. Franchement, je ne donnerais pas une arme à quiconque possédant un casier. Un criminel ne mérite pas de porter une arme à feu. »* [...] David Cameron s'est efforcé de ne pas être contraint d'adopter des changements instinctifs de la législation sur les armes. *« On ne peut pas légiférer pour empêcher un fusible de disjoncter dans la tête de quelqu'un et ce genre d'acte de se produire »*, a-t-il dit.

L'enquête ne manquera pas de se pencher sur les deux points suivants : des vérifications adéquates ont-elles été faites au sujet des candidats et les médecins devraient-ils jouer un rôle central dans ce processus ? [...] Essayer d'expliquer pourquoi Bird a tué douze personnes mercredi matin est la tâche principale qui incombe aux détectives. M. Goulding a ajouté : *« À présent notre objectif consiste à découvrir la vérité, à répondre aux questions que nous nous posons tous. Quels ont été les déplacements de Bird dans les heures et les jours qui ont précédé ces meurtres ? Quel était son état d'esprit ? Quelles armes a-t-il utilisées et quelles étaient ses raisons ? [...] »*

Conclusion

En guise de conclusion, nous ne pouvons qu'encourager encore une fois tous nos lecteurs dans leur préparation aux divers concours évoqués dans cet ouvrage. Nous savons par expérience qu'un candidat motivé et bien préparé est armé pour affronter n'importe quel texte et entamer une conversation avec un ou plusieurs examinateurs. Une méthodologie solide, un vocabulaire assimilé au cours des semaines et une grammaire maîtrisée sont gages de meilleures chances de réussite à l'épreuve orale tant redoutée.

Il ne nous reste alors plus qu'à vous dire : *« Bon travail »*.

Bibliographie commentée

Grammaire :

Parmi les manuels que l'on peut recommander comme outil pratique et utile, se trouvent :

BURGUÉ, Jean-Claude et PERSEC, Sylvie. *La grammaire raisonnée de l'anglais* (tome 2, niveau supérieur C1), Paris, Ophrys, 2004. (Nombreux exercices corrigés.)

LARREYA, Paul et RIVIÈRE, Claude. *La grammaire explicative de l'anglais*, Pearson Longman, 2005. (Grammaire recommandée pour les étudiants en filière LLCE et LEA.)

PERSEC, Sylvie. *La grammaire raisonnée de l'anglais* (tome 1, niveau B2 à C1), Paris, Ophrys, 2002. (Nombreux exercices corrigés.)

RIVIÈRE, Claude. *Fiches et tests de grammaire*, Paris, Ophrys, 2009. (Petit ouvrage indispensable qui permet de tester son niveau avant de commencer des révisions grammaticales et phonétiques.)

SOUESME, Jean-Claude. *100 fiches de grammaire anglaise*, Bréal, 2010. (Points de grammaire présentés sous forme de fiches avec de nombreux exemples en anglais.)

STANNARD, William Allen. *Living English Structures*, Londres, Longman, 2008. (Ouvrage d'exercices de grammaire en anglais.)

Vocabulaire :

BOUSCAREN, Labb. *Les Mots entre eux économie et droit*, Paris, Ophrys, 2000.

CORBIÈRE-LEVY, Frédérique. *Les mots-clés du droit*, Bréal, 2007.

REY, Jean. *Le mot et l'idée. Révision vivante du vocabulaire anglais*, Paris, Ophrys, 2008.

REY, Jean; BOUSCAREN Christian et MOUNOLOU A. *Le mot et l'idée anglais 2*, Paris, Ophrys, 2000.

Civilisation :

DUCLOS, Nathalie. *La Dévolution des pouvoirs à l'Écosse et au pays de Galles, 1966-1999*, Nantes, Éditions du Temps, 2007. (Pour aller plus loin sur ce sujet).

HAGE, Armand. *Le système judiciaire américain et ses problèmes*, Paris, Ellipses, 2000 (pour aller plus loin à propos du système judiciaire américain).

FRISON, Danièle. *Introduction au droit anglais et aux institutions britanniques*, Paris, Ellipses, 2005. (Ouvrage indispensable sur les institutions britanniques et le système juridique de l'Angleterre et du pays de Galles.)

JOHN, Peter et LURBE, Pierre. *Civilisation britannique*, Paris, Hachette, 2010. (Ouvrage généraliste sur la civilisation britannique, très complet, indispensable.)

KING, Anthony. *The British Constitution*, Oxford, Oxford University Press, 2007. (Uniquement pour approfondir.)

MARTIN, Jacqueline. *The English Legal System*, Hodder Education, 2010. (Ouvrage en anglais, clair et facile d'utilisation qui explique le système judiciaire anglais et gallois. Un outil d'apprentissage très utile.)

TOINET, Marie-France. *La Cour suprême : les grands arrêts*, Presses universitaires de Nancy, 1989. (Recueil d'extraits des arrêts les plus importants de la Cour suprême avec des explications en français sur ces décisions.)

SÉROUSSI, Roland. *Introduction aux droits anglais et américain*, Paris, Dunod, 4e édition, 2007. (Ouvrage assez court en français qui porte à la fois sur les fondements du droit anglais et sur ceux du droit américain.)

Sites internet à consulter :

• Du côté américain :

American Bar Association (barreau américain) : http://www.abanet.org/

Site qui présente et explique de manière claire les arrêts clés de la Cour Suprême américaine : http://www.landmarkcases.org

Site qui détaille les modes de nomination des juges dans les 50 états : http://www.judicial-selection.us/judicial_selection/methods/selection_of_judges.cfm?state

Site de la Cour Suprême américaine : http://www.supremecourtus.gov/

Site officiel de l'organisation juridicitionnelle des juridictions fédérales américaines : http://www.uscourts.gov/

Site du Justice Department (équivalent du ministère de la Justice) : http://www.justice.gov/

• Du côté anglais et gallois :

Judiciary of England and Wales (pouvoir judiciaire) : http://www.judiciary.gov.uk/index.htm

Website of the U.K. Supreme Court : http://www.supremecourt.gov.uk/index.html

The Bar Standards board : http://www.barstandardsboard.org.uk/

Solicitors Regulation Authority : http://www.sra.org.uk/solicitors/solicitors.page

Site interactif mettant en scène des audiences devant la *Magistrates' Court* : http://ybtj.cjsonline.gov.uk/

Site du Home Office (équivalent du ministère de l'Intérieur) : http://www.homeoffice.gov.uk/

Site du Ministry of Justice (équivalent du ministère de la Justice) : http://www.justice.gov.uk/

Liste de thèmes courants dans les concours

- administration and independence of justice
- children (in need)
- drugs
- education
- environment
- equality and discrimination
- Europe/Britain and Europe/the Euro
- freedom of speech and freedom of the press
- Human Rights
- gun control
- immigration and asylum
- IT (information technology)
- juvenile delinquency
- police surveillance
- prisons
- privacy and data protection, DNA (database)
- re-offending
- the death penalty
- The US Supreme Court
- the war on terror, security and terrorism
- UK civil liberties
- US constitution and civil liberties
- US President/B. Obama
- video games

Documentation englobant plusieurs domaines :

Il existe deux ouvrages très complets qui contiennent des données culturelles, civilisationnelles et juridiques en anglais, accompagnées de nombreux exercices de vocabulaire et de grammaire. Ce sont de très bons outils qui peuvent permettre aux étudiants de se constituer des fiches sur des points de commentaire éventuels tout en révisant de nombreux points linguistiques en contexte.

Branaa, Jean-Éric ; Brunon-Ernst, Anne ; Chaudoir Nicki et al. *The English of Law: England and Wales*, Paris, éditions Belin, 2006.

Brunon-Ernst, Anne ; Chaudoir Nicky ; Letalleur, Séverine et al. *The English of law: U.S.law & politics*, Paris, éditions Belin, 2007.

Site de BBC Learning English (rubrique « *Grammar, Vocabulary & Pronunciation* ») : http://www.bbc.co.uk/worldservice/learningenglish/

Annexes

Annexe n° 1 : glossaire anglais-français

A

Abduction	enlèvement
Abet	encourager (à commettre un crime), provoquer
Abetment	incitation au crime ou délit
Abettor	complice (d'un crime)
Abide by the law	respecter la loi, observer la loi
Abolish	abolir
Abscond	se soustraire à la justice
Absolute discharge	dispense de peine
Absolute liability	obligation inconditionnelle
Abuse of law	abus de droit
Abuse	maltraiter
Abuse	sévices
Access (to children)	droit de visite
Accessory (act as an)	être complice
Accessory before the fact	complice par instigation
Accessory after the fact	complice par assistance
Accident (industrial)	accident du travail
Accomplice	complice
Accountability	imputabilité
Accusatorial (system)	(système) accusatoire
Accused (the)	le prévenu, l'accusé, l'inculpé
Acquit	acquitter
Acquittal	acquittement
Act of God	cas de force majeure
Act of Parliament	loi votée par le Parlement
Action at law	action en justice
Action (take an)	poursuivre en justice
Actus reus	acte coupable, répréhensible (l'élément matériel)
Address the court in mitigation	plaider des circonstances atténuantes
Adjudicate on	statuer sur
Adjudication	jugement, décision, prononcé d'un jugement
Administer (the law)	dispenser la justice
Administrative tribunals	tribuna ux administratifs
Admission	reconnaissance des faits
Admissibility	recevabilité
Adultery	adultère
Adversarial principle	principe du contradictoire
Adversarial system	procédure de type accusatoire
Advice (legal)	conseil, avis d'un homme de loi
Advisory boards	organismes consultatifs
Advocacy	art de la plaidoirie
Affidavit	attestation par écrit, déclaration par écrit et sous serment
Affirmative action	législation préférentielle, discrimination positive
Affray	échauffourée, rixe, bagarre
Aid and abe	être complice de
Alibi	alibi
Alimony	pension alimentaire
Alleged	prétendu, présumé
Allocate (cases)	répartir les affaires
Allowances/ benefits	allocations (familiales)
Alternative (sentence)	peine de substitution
Amicable	à l'amiable
Annul	annuler
Antisocial (behaviour)	incivilités
Appeal	faire appel

Appear (in court)	comparaître
Appellant	appelant (en appel, au civil) ; mise en cause qui fait appel (au pénal)
Application (for transfer)	demande de renvoi
Appoint	nommer
Arbitration clause	clause compromissoire
Arbitrator	arbitre
Arraignement	lecture de l'acte d'accusation
Arrest (be under)	état d'arrestation
Arrestable (offence)	crime entraînant l'arrestation sans mandat
Arrest warrant	mandat d'arrêt
Arson	pyromanie
As of right	de droit
Assault	agression
Assault and battery	coups et blessures
Assign (liabilities to)	attribuer la responsabilité
Assistant commissioner	adjoint au préfet de police
Assistant district attorney	substitut du Procureur
Assizes (Courts of)	cours d'Assises (remplacées en 1972 par les *Crown Courts*)
Attend (to a case)	s'occuper d'une affaire
Attorney General	(approx.) Proc. General près la Cour de Cassation
Attorney	avocat (US)
Auction	vente aux enchères
Auctioneer	commissaire-priseur
Authenticate	homologuer
Award damages	accorder des dommages-intérêts

B

Backslide	récidiver
Backslider	récidiviste
Bail	liberté sous caution
Bailiff	huissier de justice
Balance (of probabilities)	critère de la plus forte probabilité (affaires civiles)
Ballot	scrutin, vote
Bankrupt (to go)	faire faillite
Bankruptcy	faillite
Bar Association	l'Ordre des Avocats
Bar Council	Conseil de l'Ordre (des *Barristers*)
Bar exam	(approx.) le CAPA
Bar	le Barreau
Bar (President of the)	le Bâtonnier
Bar and Bench	la Robe
Barrister	avocat (Grande-Bretagne)
Batter	rouer de coups
Battered wives	femmes battues
Be bound to	être tenu de
Beat (a)	une ronde
Bench	la Magistrature (assise), la Cour
Beneficial occupant	usufruitier
Benefit of legal privilege	protection du secret professionnel
Beyond reasonable doubt	au-delà du doute légitime, indubitablement
Bill	projet de loi
Binding (on)	jurisprudence qui lie une cour inférieure
Bindover	contrainte
Blackmail	chantage
Blameworthy (adj)	(action) répréhensible
Block grant	dotation globale (de fonctionnement)
Bodily harm	blessures corporelles
Body search	fouille corporelle
Book	registre
Borstal	maison de correction, de redressement
Breach of contract	non-respect des clauses contractuelles essentielles, inexécution, rupture de contrat
Breach of police regulations	contravention de simple police
Breach of prof. secrecy	violation du secret professionnel
Breach of trust	abus de confiance
Break into	entrer par effraction
Break the law	enfreindre la loi
Breath test	alcootest
Bribe a witness	corrompre un témoin
Bribery	corruption
Brief	donner des instructions
Briefing of a case	constitution du dossier d'une affaire
Bring charges	engager des poursuites
Bring a suit	intenter une action
Bring before	déférer devant
Bring to trial	faire passer en jugement
Bugging	pose de micros clandestins

Burden of proof (the)	la charge de la preuve
Burglary	vol avec effraction
Burglar (a)	un cambrioleur
By law	conformément à la loi
By-laws	arrêtés municipaux ou communaux

C

Called to the Bar	reçu au Barreau
Camera (in)	à huis-clos (remplacé par « *in private* » en 1999)
Campos mentis	sain d'esprit
Cancellation clause	clause résolutoire
Capital punishment	peine capitale
Captor (a)	un ravisseur
Care proceedings	procédure de placement
Care	assistance
Carry out court orders	appliquer les décisions judiciaires
Case law	droit jurisprudentiel
Case	affaire
Caution	avis, avertissement
Caveat	notification d'opposition
Cell	cellule
Certificate	procès-verbal d'expertise
Certificated	habilité
Certiorari	pour plus amples informations
Challenge	contester (une décision)
Chambers	cabinet (barristers, juges), étude (notaire)
Character witness	témoin de moralité
Charge	chef d'inculpation
Charge sby with	mettre qqn en examen
Charged with	accusé de
Check	vérifier
Chief Constable	commissaire de police divisionnaire
Chief Inspector	inspecteur principal (police)
Chief Justice	Président (ou premier juge) de la Cour suprême (États-Unis)
Child abuse	sévices à enfant
Child custody	garde d'enfant (divorce)
Circuit	ressort des tribunaux, circonscription judiciaire
Civil complainant	la partie civile
Civil rights	droits civiques
Claim	réclamations, revendication
Claimant	demandeur
Claim for damages	demander des dommages-intérêts
Class action	procès mené par un ensemble de plaignants
Clear a fine	acquitter une amende
Clerk of the court	secrétaire-greffier du tribunal
Clerk	greffier, assistant de justice
Client	client (professions libérales d'avocats)
Closed prison	maison centrale
Clue	indice
Coercion	contrainte
Commit to prison	incarcérer
Commit for trial	déférer pour jugement
Common assault	menaces ou tentatives de voies de fait
Common law	la « *common law* » (anglaise)
Community Justice Centre	Maison de la Justice et du Droit
Community sentence	peine de travail d'intérêt général
Community service order	ordonnance de TIG
Compelling evidence	preuves irréfutables
Compensation	dédommagement, indemnité
Competitive examinations	concours
Complainant	plaignant, demandeur
Completed offence	infraction consommée
Concealment	dissimulation, recel
Conditional discharge	condamnation avec sursis
Condone	fermer les yeux sur
Confess	avouer
Confession	les aveux
Conflicts Court (France)	tribunal des conflits
Conspiracy	association de malfaiteurs
Constable	agent de police, responsable de l'application des décisions
Constitutional Council	Conseil constitutionnel (France)
Constraint of the person	violence physique
Construe	interpréter
Contact order	ordonnance définissant le droit de visite et d'hébergement
Contempt of court	outrage à magistrat, offense à la cour
Contravene	enfreindre

Conveyancing	transfert de propriété, actes notariés autres que testamentaires
Convict	condamner, déclarer coupable
Conviction	condamnation
Coroner's Courts	juridictions d'enquête
Coroner (a)	officier de police judiciaire chargé d'enquêter sur les décès suspects
Corporation law	droit des sociétés
Costs	frais et dépens
Council of State (France)	Conseil d'État
Counsel of the defence	avocat de la défense
Counsel's opinion	avis motivé
Count	chef d'accusation
Counterfeiting	contrefaçon
County Court	cour de première instance au civil
Court	tribunal
Court of Auditors	Cour des comptes
Court auxiliaries	auxiliaires de justice
Court ruling	décision de la Cour
Crime	crime, délit, infraction
Criminal courts	juridictions pénales
Criminal division	chambre correctionnelle
Criminal law	droit pénal
Criminal liability	responsabilité pénale
Criminal offence	infraction pénale
Criminal record	casier judiciaire
Criminal Records Office	Service de l'Identité judiciaire
Cross-examination	examen contradictoire
Cross examine	vérifier par un contre-interrogatoire
Cross-subsidization	péréquation
Crown Court	Cour supérieure de première instance au pénal
Crown Prosecution Service	Service de poursuite de la Couronne (CPS), équivalent du Parquet
Culpable neglect	omission coupable
Custodial sentence	mesure privative de liberté
Custody (police)	garde à vue
Custody	emprisonnement, incarcération
Custody officer	agent de police responsable de la garde à vue
Custody warrant (France)	mandat de dépôt

D

Damages	dommages-intérêts
Day in court	jour de l'audience
Dead law	loi en désuétude
Death penalty	peine de mort
Decision of the court	jugement
Decline juridiction	se déclarer incompétent (tribunal)
Decree absolute	jugement définitif
Decree nisi	jugement temporaire
Decree of divorce	jugement de divorce
Deed poll (by)	par acte notarié unilatéral
Defendant	un prévenu, un intimé (en appel), un accusé (au pénal), un défendeur (au civil)
Defending counsel	avocat de la défense
Defer sentence	ajourner, reporter le prononcé de la peine
Deferral	ajournement, report
Delegate legislation	dispositions réglementaires prises en application d'une loi
Deliver judgment	rendre un jugement
Demand	exiger
Demise (by legacy)	transfert par leg, testament
Denote	rétrograder
Denotation	rétrogradation
Dependant (person)	personne à charge
Deputy	adjoint, représentant, délégué, suppléant
Descended (property)	transmis par succession
Desertion	abandon du domicile
Deserts	juste châtiment
Detention centre	maison d'arrêt
Detention pending trial	détention provisoire
Detention under remand	détention préventive
Deterrent	moyen dissuasif
Detrimental to	préjudiciable à
Devolution	dévolution / processus de transfert d'autorités legislatives et/ou de régulation
Diminished responsibility	responsabilité atténuée
Direct reference procedure	comparution immédiate
Directives	actes de législation subordonnée

Director of Public Prosecutions	Chef du Parquet
Disbar	rayer du Barreau
Discharge	dispense de peine
Discharge	relaxer, acquitter, libérer
Disclose	communiquer
Discount	remise de peine
Disfranchise	priver du droit électoral
Dimiss a case	rendre un non-lieu
Dismissal	renvoi, licenciement
Disorderly conduct	atteinte à l'ordre public
Dispense justice	rendre justice
Disregard	ignorer (la loi)
District judge	juge professionnel rémunéré d'une juridiction inférieure
Divestment	dessaisissement
Division of a court	chambre
Divisional court	formation restreinte siégeant en appel
Divorce proceedings	procédure de divorce
Doli incapax	incapable de crime (étant donné son âge)
Domestic violence	violences domestiques, conjugales
Do time	purger sa peine
Documentary evidence	preuves écrites
Dock	banc des accusés
Docket	résumé ou extrait de jugement, bordereau d'un dossier de procédure
Double jeopardy	double peine
Draft	rédiger
Driving offence	infraction au code de la route
Drop (a charge)	abandonner un chef d'inculpation
Due process of law	procédure légale régulière
Duress (under)	par la violence, sous la contrainte
Duty	obligation, devoir
Duty of confidentiality	devoir, obligation de réserve

E

Early release	libération anticipée
Electronic tagging	filature électronique
Eligible	qui a droit à, susceptible de
Embezzle	détourner
Embezzlement	détournement de fonds
Emergency interim ruling	arrêt en référé
Empanel	constituer un jury
Enabling Act	loi d'habilitation
Enact	promulguer une loi
Enactment	promulgation
Enforce the law	faire respecter la loi
Enforceable	exécutoire
Enforcement proceedings	procédure de mise en recouvrement
Enshrined in law	consacré par la loi
Equity	équité (branche du droit anglais)
Err in law	commettre une erreur de droit
Errant	dévoyé
Estate	biens
Estoppel (GB)	principe d'interdiction de se contredire au détriment d'autrui
Evict	expulser
Evidence	preuves
Examination (under)	mise en examen
Examining judge	juge d'instruction
Excise	contributions indirectes
Executioner	bourreau
Exemption	dérogation
Exhibit	pièce à conviction
Exonerate	disculper
Expedited police investigation	enquête de flagrant délit
Expert witness	expert cité comme témoin
Extenuating circumstances	circonstances atténuantes
Extinguish a right	éteindre (un droit)
Extortion	extorsion, exaction

F

Face	encourir
Fairness	équité, justice
Fall foul of the law	tomber sous le coup de la loi
False imprisonment	détention illégale, séquestration
Family Division	chambre des affaires familiales
Family entry and settlement	regroupement familial
Family lawyer	avocat spécialisé dans le droit de la famille

Fast-track cases	comparutions immédiates
Fear of favour (without)	sans distinction de pers.
Fees	honoraires (professions libérales)
Felony	infraction majeure
Fiat (a)	décret, ordonnance
File	dossier
Finality	irrévocabilité
Find s.o guilty	déclarer qn coupable
Find s.o not guilty	déclarer qn innocent
Finding of guilt	déclaration de culpabilité, constatation de l'infraction
Fine	amende
Fingerprint evidence	empreintes digitales
Fire at	tirer sur
First time offender	délinquant primaire
Fixed address	domicile fixe
Flashing	exhibitionnisme
Forcible entry	violation de domicile
Fledgling lawyer	avocat novice
Foreman/forewoman	président(e) de jury
Forensic evidence	expertise médico-légale
Forensic experts	médecins légistes
Forfeit	perdre ses droits, être déchu de ses droits
Forfeiture order	ordonnance de confiscation (de l'instrument de l'effraction)
Forgery	contrefaçon, falsification, faux et usage de faux
Foster-care	placement familial
Foster-mother	mère nourricière, mère de substitution
Franchise	droit (électoral), concession (de services publics)
Fraud	dol, manœuvre frauduleuse
Freedom of means of proof	princ. de la liberté des preuves
Fugitive disentitlement	privation de tout fugitif d'un recours devant les tribunaux sans retour

G

Gaol (Brit)	prison
Gated communities	culture de la clôture et de l'accès privatif
Genuine	authentique
Genuinely	de bonne foi, sincèrement
Get round the law	détourner la loi
Give evidence	témoigner (en personne)
Go to court	intenter une action en justice
Governor (prison)	directeur de prison
Gown	robe
Grand jury	jury de mise en accusation
Grant bail	libérer sous caution
Green paper	2e stade d'un projet de loi soumis au Parlement (avant le *white paper*)
Grey area	zone floue, sone d'incertitude
Grievance	litige, différend, préjudice d'ordre patrimonial ou extrapatrimonial
Grievous bodily harm (GBH)	coups et blessures (très graves)
Gross negligence	faute lourde
Ground law	droit foncier
Grounds	motifs
Guardian	tuteur
Guilty	coupable, répréhensible

H

Habitual offender	récidiviste
Hand down sentence	prononcer la peine
Hand	transmettre, léguer, remettre
Handcuffs	menottes
Hard labour	travaux forcés
Hardened offender	récidiviste
Hazing	bizutage
Head of the Prosecution Dpt	Procureur
Hear a case	instruire une affaire
Hearing	audience d'un tribunal
Hearsay	déposition sur la foi d'autrui
Hedge	clause de sauvegarde (contrat)
Hedge fund	fonds spéculatif
High Court	haute cour, juridiction civile supérieure
Higher Judicial Council	Conseil supérieur de la Magistrature (France)
Highway Code	code de la route
Hijacking	piraterie aérienne
Hold a brief for s.o	représenter qn en justice
Home Secretary	ministre de l'Intérieur
Home leave	permission de sortie
Hooligan	voyou
Hostel	foyer d'hébergement
Housebreaking	cambriolage, effraction

Hung jury	jury dans l'impasse
Hung Parliament	Parlement sans majorité
Hustings	plate-forme électorale

I

Identikit	portrait-robot
Identity check	contrôle d'identité
Ignorance of the law is no excuse	nul n'est censé ignorer la loi
Ignore	ne pas tenir compte de
Illegal	illégal, illégitime, interdit, illicite
Illtreat	maltraiter
Ill will	malveillance
Imbalance	déséquilibre
Impair	altérer, diminuer, compromettre
Impeachment	mise en accusation
Implement	mettre en application, mettre en œuvre
Imprisonment	peine de prison
In lieu of	au lieu et place de, à titre de
Inchoate offences	infractions non réalisées
Incitment	incitation, provocation au crime ou délit
Income tax return	déclaration de revenu
Incriminating evidence	preuve à charge
Incur liability	encourir une responsabilité
Indecent assault	attentat à la pudeur
Indeterminate sentence	peine de prison de durée indéterminée
Indictable offence	infraction pénale grave jugée devant la *Crown Court*
Indictable	passible de poursuites
Indicted for	inculpé de
Indictment	acte d'accusation
Industrial accident	accident du travail
Industrial tribunal	conseil de prud'hommes
Informer	indicateur de police
Infringe upon	porter atteinte à
Infringement	violation, empiétement
Initiate an investigation	ouvrir une instruction
Injunction	ordonnance (de ne pas faire), commandement du tribunal
Injury	préjudice corporel
Inmate	détenu
Innocent misrepresentation	déclaration inexacte non-frauduleuse
Inns of Court	quatre écoles de droit à Londres
Inquest	enquête après mort suspecte ou violente
Inquiry	enquête
Inquisitorial system	procédure de type inquisitoire
Insanity	aliénation mentale, démence
Insider-trading/ insider-dealing	délit d'initié
Insurance company	compagnie d'assurance
Intellectual property	propriété intellectuelle
Intelligence	renseignements
Intimate certainty	intime conviction
Intoxication	état d'ébriété
Inventory of fixtures	état des lieux
Investigate a crime	faire une enquête
Investigate a case	instruire une affaire
Investigating judge	juge d'instruction
Investigation (of a case)	instruction d'un dossier, approfondissement
Investigation of fact	constat
Investigation of the background of the accused	enquête de personnalité
IOU (I owe you)	reconnaissance de dettes
Issue	délivrer

J

Jail (Am)	prison
Judicial Appointments Commission (JAC)	Commission des nominations judiciaires
Joint custody	garde alternée (divorce)
Joint and several liability	responsabilité solidaire
JP / Justice of the Peace	juge (non professionnel, non rémunéré)
Judge in chambers	juge des référés
Judge responsible for civil liberties and detention	juge des libertés et de la détention
Judgement/judgment	décision de justice
Judgeship	un poste de juge
Judicature	magistrature
Judicial review	contrôle de constitutionnalité (États-Unis), contrôle de légalité (Grande-Bretagne)
Judicial Studies Centre	Institut d'Études judiciaires (IEJ)

Judicial supervision	contrôle judiciaire
Judiciary	système judiciaire, magistrature, pouvoir / autorité judiciaire
Junior Minister	secrétaire d'État
Juror	juré
Jury box	banc des jurés
Jury service (to do)	faire partie d'un jury
Juvenile court	juridiction pour mineurs, tribunal pour enfants

K

Kangaroo court	tribunal irrégulier
Keep within the law	s'en tenir à la loi
Keeping terms	obligation de dîner dans les *Inns of Courts* pour accéder au Barreau

L

Lapse	tomber en désuétude
Larceny	vol simple
Launch	ouvrir (une enquête)
Launder (money)	blanchir
Law	le droit, une loi, législation, science juridique
Law-abiding (citizen)	(citoyen) respectueux de la loi
Law as it stands	la législation en vigueur
Law Commission	commision qui répertorie et évalue les lois
Law enforcement agencies	organismes responsables du maintien de l'ordre
Law lords	juges qui siégeaient à la Chambre des lords
Law Officer	conseiller juridique de la Couronne
Law reports	recueils de jurisprudence
Law Society	l'ordre des notaires et conseils juridiques
Law and Order	ordre public
Law graduate	licencié en droit
Law student	étudiant en droit
Lawbreaker	transgresseur
Lawful	légitime
Laws of inheritance	droit successoral
Lawsuit	une affaire en justice
Lawyer	juriste, avocat
Lay-off	licenciement
Lay magistrate	juge non professionnel
Lay person	profane, non-initié, non juriste
Lay (the facts)	exposer
Leading question	question tendancieuse
Lease	bail, concession
Leave of the court	autorisation de justice
Legal	permis, légal, licite, légitime
Legal aid	aide juridictionnelle
Legal certainty	principe de certitude du droit
Legal costs	frais de justice
Legal department	service juridique
Legal personality	personne légale
Legal proceedings	la procédure judiciaire
Legal Services Commission	la commission en matière de prestations juridiques
Legalese	jargon des juristes
Lenient	clément
Lethal injection	injection mortelle
Levy	percevoir (impôts)
Lex non scripta	la loi non écrite
Liability	obligation, responsabilité (civile)
Liable for damages	passible de dommages et intérêts
Liable to prosecution	passible de poursuites
Liable to tax	soumis à l'impôt
Libel	diffamation
Licence	autorisation, permis
Life term	réclusion criminelle à perpétuité
Life annuity (pension)	rente viagère
Lifer	condamné à la réclusion criminelle a perpétuité
Limitative clause	clause restrictive
Limitation period	délai de recours
Line-up	séance d'identification de suspects
Litigant	plaideur
Litigation	contentieux, procès, action en justice
LLB	licence en droit
Local council	conseil municipal (France)
Local government	les autorités locales
Lodge an appeal	interjeter appel
Lodge a claim	déposer une réclamation
Lord Chancellor and Secretary of State for Justice	ministre de la Justice
Lord Chief Justice	Président des tribunaux

M

Magistrates' Court	tribunal de police et correctionnel
Magistrate (a)	juge non-professionnel, non rémunéré
Malicious prosecution	dénonciation calomnieuse
Mandamus	injonction de ne pas faire
Manslaughter	homicide involontaire
Master of the Rolls	Président de la Cour d'appel (Chambre civile)
Mens Rea	intention délictuelle/ criminelle
Mete justice	rendre la justice
Misbehaviour	mauvaise conduite
Mischievous discretion	connaissance du caractère préjudiciable de l'acte
Misdemeanour	délit
Misrepresentation	déclaration inexacte
Mistakenly	de façon erronée
Misuse (of public funds)	abus (de biens sociaux)
Mitigating circumstances	circonstances atténuantes
Mitigation (to address the court in)	demander les circonstances atténuantes
Mock court (U.K.)	cour de justice fictive (exercice d'entraînement)
Mode of trial	type de procédure
Moonlight work	travail au noir, clandestin
Moot cases	procès fictifs (soumis pour discussion), hypothèse d'école
Moot court (US)	tribunal fictif permettant aux étudiants de s'entraîner
Moot point	point litigieux, sujet à controverse
Mortgage	hypothèque
Motoring offender	qui a commis une infraction au Code de la Route
Moveable justices	juges sans affectation fixe
Mugging	attaque contre qn dans la rue pour le voler
Murder in the first degree (US)	homicide volontaire, meurtre avec préméditation, assassinat
Murder in the second degree (US)	homicide involontaire
Murder	assassiner

N

Naked truth	pure vérité
Named to the Bench	nommé juge
National Exchequer	Trésor public
National Judicial Training College	École Nationale de la Magistrature (France)
Negligence	omission coupable
Networking	faire jouer les relations
Nisi prius	jugement provisoire
No-fault divorce (US)	divorce par consentement mutuel
Nonage	minorité
Non-custodial sentence	peine de substitution
Not guilty by reason of insanity	non coupable pour cause d'aliénation mentale
Notary public (US)	un notaire
Notice period	délai de préavis

O

Oath	serment
Oath (to take the)	prêter serment
Obiter dictum	opinion incidente du juge/ ne peut servir de précédent
Objection (to make)	émettre une objection
Objection overruled	objection rejetée
Objection sustained	objection accordée
Obsolescence	désuétude
Obstruct process	empêcher un huissier d'accomplir les devoirs de sa charge
Offence (GB) / offense (U.S.)	infraction (contravention, délit ou crime), acte délictueux
Offender	délinquant, contrevenant, criminel
Office	fonctions, charge
Office for Judicial Complaints (UK)	organe qui instruit les plaintes envers le corps judiciaire
Official referee	juge rapporteur
Offset	contrepartie, dédommagement
Ombudsman	médiateur
Onus of proof	charge de la preuve
Open court (in)	en audience publique
Open prison	centre de détention
Opting out (clause)	clause d'exemption, dérogation
Order for discovery	ordonnance de communication des pièces
Orders	ordonnances
Order in Council	décret-loi
Ordinary citizen	simple citoyen

Ordinary courts (France)	juridictions judiciaires
Ordinary law	droit commun
Original jurisdiction	compétence de première instance
Out-of-court settlement	arrangement à l'amiable
Overlapping	chevauchement (des pouvoirs)
Overriding (principles)	principes auxquels il ne saurait être dérogé
Overrule an objection	rejeter une objection, ne pas tenir compte de, passer outre
Overturn	casser, faire annuler (décision, jugement)

P

Parole	liberté conditionnelle
Parole Board	conseil chargé d'étudier les dossiers de mise en liberté conditionnelle
Partial release	semi-liberté
Pass an Act	voter une loi
Patrol car	voiture de police
Patronage	protection, appuis
Pay off a mortgage	lever / purger une hypothèque
Pecuniary penalties	amendes, réparation financière
Penalty	peine, pénalité, sanction, astreinte
Penalties (fixed)	certitude de la peine
Pending (the outcome)	en attendant (l'issue du procès)
Penology	criminologie
Per incuriam	par négligence
Perjury	faux témoignage
Perverse verdict	verdict arbitraire, rendu de mauvaise foi
Petty crime	délit mineur
Petty offence	infraction mineure
Piracy	plagiat, contrefaçon
Plaintiff	demandeur, requérant
Plea	plaidoirie
Plea in mitigation (to make a)	demander les circonstances atténuantes
Plea of guilty	aveu de culpabilité (à l'audience)
Plea-bargaining (US)	négociation des peines (sous le contôle du juge)
Plea of self-defence (to make a)	plaider la légitime défense
Plead guilty	plaider coupable
Pleadings	actes exposant les faits
Pleadings (to make final)	prononcer le réquisitoire
Pledge	promesse, engagement
Plenary powers	pleins pouvoirs
Police court	tribunal de police
Post mortem	autopsie
Precedent	décision judiciaire faisant jurisprudence
Prefectoral orders (France)	arrêtés préfectoraux
Prejudice	préjugé défavorable
Preliminary hearing	audience préliminaire
Preliminary investigation	instruction
Premium	prime (assurance)
Presumed dead	présumé mort
Prima facie case	affaire qui de prime abord semble fondée (éléments suffisants)
Primogeniture	droit d'aînesse
Principal	auteur d'un crime ou d'un délit, principal responsable
Prior	antérieur
Prison	prison, réclusion
Prison (to put s.o in)	incarcérer qn
Prison officer	gardien de prison, surveillant
Prison population	population pénitentiaire
Prison visitor	visiteur de prison
Prisoner	prisonnier
Privacy (right to)	le droit à la vie privée
Private deed	acte sous seing privé
Private citizen	simple particulier
Private signed document	acte sous seing privé
Private sitting	audience à huis-clos
Pro forma	fictif, simulé, pour la forme
Probate	homologation de testament
Probation	probation, régime de mise à l'épreuve, sursis probatoire
Probation hostel	centre d'hébergement pour probationnaires
Probation officer	délégué à la liberté surveillée, éducateur judiciaire
Probation order	ordonnance de sursis avec mise à l'épreuve

Procedural issues	problèmes de procédure
Proceedings	actes de procédure, instance
Proficiency	compétence
Promisee	celui qui reçoit la promesse
Promisor	celui qui s'engage/fait la promesse
Pronounce	déclarer
Proof of death	constat de décès
Proof	preuve
Proper	approprié, convenable
Property settlement	partage des biens après le divorce
Property	patrimoine
Prosecute	poursuivre (au pénal), intenter une action au pénal
Prosecuting counsel	avocat de l'accusation
Prosecution (the)	accusation, Procureur, Ministère public
Prosecution witness	témoin à charge
Proven	qui a fait ses preuves, atteste
Provisional	temporaire, provisoire
Proxy	mandataire, fonde de pouvoir
Public procurement contract	marché public
Public prosecutors	magistrats du Parquet
Puisne judge	assesseur
Punishment	châtiment
Punitive	répressif
Pupil	avocat stagiaire
Pupil master	directeur de stage (d'avocat « *barrister* »)
Pupillage	période de formation pratique d'un avocat stagiaire
Put s.o under arrest	mettre en état d'arrestation

Q

Queen's Counsel (QC)	ténor du Barreau (titre conféré à d'éminents avocats)
Qualify	faire des réserves, restreindre la portée
Quash	casser, annuler
Quash an action	arrêter les poursuites
Quash an indicment	prononcer un non-lieu
Queen can do no wrong (the)	symbole de l'immunité du souverain
Questioning	interrogatoire

R

Racketeering	racket
Raid (police)	descente de police
Random violence	violence aveugle
Rank	grade, rang
Rape (a)	un viol
Rapid trial procedure	comparution immédiate
Rapist (a)	un violeur
Ratio decidendi	fondement d'une décision
Readjustment	réadaptation
Realm	domaine, royaume
Real-time processing (France)	traitement en temps réel (TTR)
Receiver	receleur
Recidivist	récidiviste
Recipient	bénéficiaire, destinataire
Recklessness	imprudence délibérée, négligence coupable
Recorder (a)	juge à temps partiel
Refer s.o	déférer qn
Referral order	ordonnance de renvoi
Registrar (a)	un greffier
Regional Bar School (France)	centre régional de formation prof. des avocats
Register Office (the)	l'administration d'état civil
Regulation	réglementation
Rehabilitation	réinsertion sociale
Reject a plea	rejeter les arguments invoqués
Relapse into (crime)	récidive
Release on licence	liberté conditionnelle
Relinquish	abandonner, renoncer à
Remand	déférer, renvoyer à
Remand	ajournement, renvoi
Remand home (a)	une maison d'arrêt
Remand in custody	mettre en détention provisoire
Remedy	réparation, moyen de droit, recours
Remission	remise de peine
Removal	destitution
Reoffend	récidiver
Repeal	abroger
Replevin	main levée
Reported missing	porté disparu
Reprieve (a)	commutation de la peine capitale, lettres de grâce
Request	exiger
Rescind a contract	annuler

Rescission	résiliation
Resettlement	réinsertion
Respondent	intimé (en appel)
Restorative justice	la justice restorative
Restriction order	ordonnance d'astreinte
Retrial	nouveau procès
Retribution	châtiment
Return a verdict	rendre un verdict
Review (court of)	cour d'appel
Riddled with bullets	criblé de balles
Right (a)	un droit, un privilège
Rightful	légitime, équitable
Rightful owner	propriétaire légitime
Rob	voler
Robbery (a)	un vol qualifié
Robe (the)	les gens de justice, la Robe
Rogatory commission	commission rogatoire
Roll	liste des membres du Barreau, rôle
Royal Assent	Assentiment royal (dernière étape du processus législatif)
Rout (a)	attroupement illicite d'individus
Rule of law (the)	règle de droit, prééminence du droit, état de droit
Rule of thumb	méthode empirique
Rule out	écarter, éliminer
Ruling (a)	jugement, ordonnance, décision d'un juge sur un point de droit
Run	organiser, gérer

S

Safety detention	mesure de sureté
Scrutiny	contrôle, examen minutieux
Scrutiny reserve	réserve d'examen parlementaire
Search warrant	mandat de perquisition
Secondary legislation	dispositions réglementaires prises en applic. d'une loi
Security guard	vigile, agent de sécurité
Security of tenure	stabilité d'emploi
Seizure	saisie
Self-defence	légitime défense
Self-induced	que l'on a provoqué soi-même
Senior barrister	avocat d'un rang et prestige supérieur aux *junior barristers*
Senior judiciary	les hauts magistrats
Sentence s.o	condamner qn
Sentence (a)	peine
Sentence execution judge	juge d'application des peines (JAP)
Sentence exemption	dispense de peine
Serious offence	crime
Serve a sentence	purger une peine
Serve writs	signifier les assignations
Settlement	arrangement, entente
Sever a case	disjoindre une affaire, juger séparément
Severally responsible	individuellement responsable
Severance deal	indemnité de départ négociée, compensatoire
Sexual abuse	sévices sexuels
Shadow Cabinet	contre-gouvernement, opposition institutionnalisée
Sham plea	moyens dilatoires, prétexte
Sheriff	administrateur de Comté
Shoot at	tirer sur
Short stay prison	maison d'arrêt
Silk (=QC)	ténor du Barreau, membre éminent du Barreau
Sitting judge (a)	un juge en exercice
Slander	diffamation (verbale)
Social worker	travailleur social, assistante sociale
Solicitor (a)	avocat-conseil, notaire, auxiliaire de justice
Solicitor advocate	avocat plaidant
Speaker	Président de la Chambre des communes
Special constable	agent de police bénévole
Special court	tribunal d'exception
Spouses	les époux
Stab	poignarder
Staff	personnel (administratif)
Stand accused of	être accusé de
Stand down	quitter la barre
Standard of proof	critère d'établissement de la preuve
Standing	statut, réputation, importance
Standing order	code de procédure
Stare decisis	principe de la force obligatoire des précédents
State a case	exposer les faits

State of emergency	état d'urgence
Statement	déposition
Statute law	droit de source parlementaire, droit écrit
Statute (a)	une loi (écrite)
Statute book	recueil des lois
Statutory	légal, réglementaire, statutaire, législatif
Statutory effect (to have)	faire force de loi
Statutory instrument	ordonnance, décret
Statutory provision	disposition légale
Statutory rape	détournement de mineur
Steal	voler
Stipendiary magistrate	« magistrat(e) » salarié(e)
Stop and search	interpellation et fouille au corps
Strangle	étrangler
Struck off the roll (to be)	être rayé du Barreau
Subpoena	assignation de témoins, citation à comparaître
Subject to	sous réserve de
Substantive law	droit positif
Sue	poursuivre en justice (au civil)
Sue for divorce	intenter une action en divorce
Sue for rescission	agir en nullité
Sue for tortious damages	agir en responsabilité délictuelle
Sue in tort for deceit	poursuivre pour délit civil de tromperie
Sue in tort	poursuivre pour délit civil
Suffer damage	subir un dommage
Suffocate	étouffer qn (criminellement)
Summary judgement	ordonnance en référé
Sum up the case	résumer les débats (juge)
Sumary offence	contravention de simple police, infraction légère
Summary trial	jugement selon une procédure simplifiée
Summons	assignation, citation à comparaitre, convocation
Superintendant	commissaire de police
Support (child)	pension pour l'enfant
Surety	garant (caution)
Surreptitious	clandestin
Surrogate	suppléant, de substitution
Suspended sentence	peine avec sursis
Suspicion	soupçons
Swear	jurer
Swindle (a)	une escroquerie
Sworn-in	assermenté

T

Tagging	port d'un bracelet électronique
Tail s.o.	filer qn
Taking of hostages	prise d'otages
Tax defaulter	citoyen qui ne paie pas ses impôts
Tax-dodger/tax evader	fraudeur fiscal
Taxation	imposition fiscale
Taxable income	revenu imposable
Tenancy	location-gérance
Tenant	locataire
Tender	présenter, avancer
Tendering	adjudication
Tenure	stabilité de l'emploi
Term	mandat, durée de fonctions
Term of imprisonment	peine de prison
Testify	témoigner
Testimony	témoignage
Theft	vol
There and then	séance tenante
Thereafter	par la suite
Thereby	de cette façon, de ce fait
Therefore	en conséquence
Those to whom it may concern	à qui de droit
Threat	menace
Threaten	menacer
Thug	voyou, malfrat
Tit for tat killings	meurtres en représailles
Title to land	titre de propriété immobilière
To go to court	recourir à la justice
Tort	délit civil, responsabilité délictuelle
Track s.o down	traquer, pister, suivre
Traffic warden	contractuel (le)
Trainee judge (France)	auditeur de justice
Treason	trahison
Treasury	ministère des Finances
Triable either way	soumis à l'une ou l'autre procédure (M's ou CC)
Trial by battle	combat judiciaire
Trial by jury	renvoi devant les assises, jugement par jury

Trial	procès
Trial judge	juge du fond
Trust	ajouter foi à
Try	juger, instruire
Turnover	chiffre d'affaires
Two-tier (system)	système à deux vitesses

U

Ultra vires	abus de droit, excès de pouvoir
Ultra vires (to be)	excéder les limites de la loi
Uncontested divorce	par consentement mutuel
Under arrest	en état d'arrestation
Under duress	sous la contrainte, par la violence
Under investigation (to be)	faire l'objet d'une enquête
Under the Act	en vertu de la loi
Unfair dismissal	licenciement abusif (injuste)
Unlawful	illégal
Unqualified right (an)	un droit inconditionnel
Uphold	confirmer (jugement)
Usher	huissier
Usher in	faire entrer

V

Variance (to be at)	être en désaccord
Venue	lieu du jugement
Venue (to change the)	renvoyer l'affaire devant un autre tribunal
Verdict (to come to a)	rendre un verdict
Versus (écrit v ou v.)	contre (dans un procès)
Vest power (in s.o)	investir (qn) d'un pouvoir
Vicarious liability	responsable du fait d'autrui
Vice squad	brigade des mœurs
Vindicate one's rights	faire valoir ses droits
Violate (the rights of s.o)	violer les droits de qn
Violation	infraction
Visiting order	autorisation de visite
Voir(e) dire	examen préliminaire d'un juré par le juge

W

Wage round	négociations salariales
Waiver	renonciation (à un droit, privilège)
Waiver clause	clause libératoire
Ward of court (to be made)	être placé sous tutelle judiciaire
Warrant (to issue a)	délivrer un mandat
Watchdog	office de surveillance
Wedlock	mariage
Welfare	protection sociale institutionnelle, l'aide sociale
Welfare (child)	protection de l'enfance
Welfare services	services sociaux
Whereabouts	≈ alibi
Whereas	attendu que
Wig	perruque
Wilful refusal	refus délibéré
Wire-tapping	écoutes téléphoniques
Withdraw	retirer
Without fear or favour	avec impartialité
Without notice	sur le champ
Witness	témoin
Witness box	barre des témoins
Witness for the prosecution	temoin à charge
Wounding with intent	blesser intentionnellement
Writ of Habeas Corpus	garantie des libertés civiques
Writ	acte introductif d'instance, ordonnance, assignation
Written off books	affaire classée
Wrong-doer	auteur d'un acte dommageable
Wrongful act	acte dommageable, tort porté à qn

Y

Yoof / yob (a) (GB)	un loubard
Young offender	jeune délinquant
Youth judge	juge des enfants
Youth justice	justice pour mineurs

Annexe n° 2 : tableau comparatif des procédures pénales anglaise, américaine et française

American criminal procedure	English criminal procedure	French criminal procedure
THE POLICE INVESTIGATION (*L'ENQUÊTE*)		
An investigation is conducted into an offense by law enforcement officers / agencies who have the power: – To interview and question people; – To take fingerprints and samples for scientific analysis; – To stop a suspect and frisk him, i.e. to pat him down to search the body of the person for weapons; – To conduct warrantless searches; – To search premises and seize items with a warrant. The defense also conducts his own investigation, interviewing witnesses, visiting the scene of the crime, and examining any physical evidence. The defense will check if the incriminating evidence that will be used in court was obtained legally. Under Amendment IV defendants are protected against unreasonable searches and seizures.	Once an offence has been reported to the authorities, the police investigate into the alleged offence. Police officers have broad investigative powers: – To interview and question people; – To take fingerprints and samples for scientific analysis; – To stop and search people and vehicles; – To enter and search premises with or without a warrant. A police officer must have reasonable grounds for suspecting that the person is in possession of (or the vehicle contains) stolen or prohibited articles to proceed to a warrantless search. Otherwise he must wait for a search warrant issued by a magistrate. Defendants are protected against possible abuse of police powers. Police powers are regulated by law (Police and Criminal Evidence ACT PACE 1984 and Codes of Practice, Serious Organised Crime and Police Act SOCPA 2005)	The criminal investigation is carried out by the criminal investigation police once an offence has been committed. Police officers are under the control of the public prosecutor who is responsible for watching over police investigations. Police officers have the power to: – Stop people in order to check their identities; – Order witnesses to come to the police station; – Carry out searches; – Take people into police custody.
CUSTODY RIGHTS		
Someone taken into custody has the right: – To have someone informed of the arrest / detention; – To have a lawyer (Amendment VI secures right to counsel);	Someone taken into custody has the right: – To have someone informed of the arrest / detention; – To speak to someone on the phone (not compulsory);	Someone taken into custody / placed in police custody / put in custody has the right: – To be notified of their rights; – To call or to have someone call a close person;

American criminal procedure	English criminal procedure	French criminal procedure
– To know the charges held against you; – To *habeas corpus* (Article one, section 9): protection from being held in prison without being charged with an offense. Once the suspect is booked at a police station jail, he can be detained for a certain time limit. General rule: The suspect has to be warned of the charges against him within 48 hours after the arrest to respect his constitutional right – To a speedy trial if the prosecutor decides to prosecute him (Amendment VI); Exceptions: time limit is longer in terrorism cases for non-American citizens under the Patriot Act which provides to extend pre-charge detention to 7 days. There are 'procedural safeguards' not explicitly stated in the constitution but originating from case law. The Miranda Warning was derived from one famous Supreme Court ruling *Miranda v. Arizona* in 1966. The police have to read a certain number of rights to a suspect immediately upon arresting him or her and prior to any questioning (it does not apply to someone who is not arrested): – He has a right to remain silent; – That any statement he does make may be used as evidence against him; – And that he has a right to the presence of an attorney, either retained or appointed.	– To have free independent legal advice (through the system of duty solicitor); – To consult a solicitor; – To consult the code of practice. The detention is reviewed by the custody officer initially not later than six hours after the start of detention, and then at intervals not less than nine hours. The police may detain a person for 24 hours. For suspicion of indictable offences, the police can detain the suspect for another 12 hours only with the permission of a senior officer (making a total of 36 hours). For serious 'indictable offences', custody may be extended by applying to a magistrate for an order to extend the period of detention to 96 hours max. In terrorism cases, under the Terrorism Act 2006, Crown prosecutors can apply for an extension of the detention warrant which must be approved by a Magistrate for up to 14 days. Such a period can be extended to a maximum period of detention of 28 days with the Home Office's permission. On arrest, prior to interview at the police station and upon charge, police officers should administer a form of caution under s 34 *Criminal Justice and Public Order Act (CJPOA) 1994* amended by *the Youth Justice and Criminal Evidence Act 1999.*	– To see a doctor; – To talk to a lawyer who is informed of the nature and date of the offence. The conversation is private and lasts 30 minutes maximum; – To have the interviews recorded. The bill currently debated in the French Parliament provides that someone placed in police custody will have the right to have a lawyer present from the outset police custody and during interrogations but that the lawyer will only be able to intervene at the end of an interrogation session. The public prosecutor is informed of the custody right from the beginning. There is also a custody record called 'procès-verbal d'audition de l'opération de GV'. The initial custody time is 24 hours. The public prosecutor is entitled to extend this period for 24 hours. The judge of freedom and detention (juge des libertés et de la détention) has also the right to extend the custody limit up to 96 hours (organised crime) or 6 days (terrorism cases). The right to be silent: Before 2003, article 63-1 of the French code of criminal procedure clearly stated the right to remain silent and the obligation to inform the person of this right.

American criminal procedure	English criminal procedure	French criminal procedure
The right to remain silent is secured in Amendment V which guarantees a protection against self-incrimination. The person in custody may decide to waive his right to silence by signing a waiver form. In the case of *Berghuis v. Thompkins* (2010), the court ruled that a suspect who wants the police to stop an interrogation must *explicitly* invoke the right to remain silent.	*"If you are asked questions about a suspected offence, you do not have to say anything. However, it may harm your defence if you do not mention when questioned something which you later rely on in court. Anything you do say may be given in evidence."*	But since the national / domestic security law dated 18 March 2003, such caution has disappeared from the code, meaning that individuals are no longer informed of this right to silence. "The bill currently debated in the French Parliament provides that someone placed in police custody will be notified of the right to remain silent."
DECISION TO PROSECUTE (*PHASE D'ORIENTATION DU DOSSIER*)		
This is the actual beginning of a criminal case when a person is formally accused of having committed an offense. The police report is sent to the office of the U.S. Attorney who is the only one empowered to prosecute an offender at a federal level. The victim is not entitled to do so. There is no notion of *'partie civile'* in American criminal law. The federal prosecutor may decide: – Not to prosecute the suspect; – To prosecute the suspect for specific charges. The prosecutor determines if the case falls into the categories of misdemeanors or felonies. The charges, once filed, may be changed by the prosecutor before the trial begins.	There are three options here: – Police cautions People who commit minor crimes are reprimanded by police officers who may penalize the offenders by issuing citations. A citation is a kind of summons, issued 'on the spot', i.e. where the crime takes place. In case of violation of traffic rules, the police have the right to impose a fine. – Public prosecutions After the police have investigated an offence, the case papers are passed to the Crown Prosecution Service which decides to charge and prosecute (or not) an alleged offender. The CPS is a state agency established in 1986 and headed by the DPP (Director of Public Prosecutions) under the supervision of the Attorney General, Criminal justice minister. Below the DPP are 42 Chief Crown Prosecutors – Private prosecution (rare)	The police report is sent to the public prosecutor's office to decide if there is a case to answer. The public prosecutor has three options: – Go for alternatives to a prosecution; – Dismiss the case for no further action; – Decide to initiate the prosecution with or without a judicial investigation (instruction). The judicial investigation is under the control of the investigating judge (juge d'instruction) and the judge of freedom and detention (JLD) for original cases, and the judicial investigation division of the court of appeal for appeal matters. In order to start a prosecution, the individual must present a written account of the alleged offence to a magistrate.

American criminal procedure	English criminal procedure	French criminal procedure
	Crown prosecutors review each case and its evidence sent by the police, decide on the correct charge and give their approval to the suspect being charged (or not). Such a decision is based on two tests set out in the *Code for Crown Prosecutors*: the 'evidential test' (is there sufficient evidence to provide a 'realistic prospect of conviction'?) the 'public interest test' (is it in the interest of the public to continue with the case?)	There are two documents that trigger a criminal prosecution: – A request from the public prosecutor's office for the setting up / opening of a judicial investigation (un réquisitoire introductif d'instance). – An application by the victim for damages to be determined by the criminal court (une plainte avec constitution de partie civile). The investigating judge can investigate the criminal conduct referred to in the request. He may be instructed by the prosecutor to widen the field of investigation (réquisitoire supplétif). When there is no judicial investigation, the case is sent for trial directly (renvoi directement devant juridiction de jugement).
COURTROOM-BASED PROCEEDINGS: THE JUDICIAL INVESTIGATION ***(PHASE D'INFORMATION : L'INSTRUCTION)***		
The next step is called an arraignment. During a typical arraignment, a person charged with a crime is called before a criminal court judge who: – Reads the criminal charge(s) against the person (now called 'the defendant'); – Asks the defendant if he or she has an attorney, or needs the assistance of a court-appointed attorney; – Asks the defendant how he or she answers, or 'pleads to', the criminal charges – 'guilty', 'not guilty', or 'no contest'. If the defendant's plea is 'guilty', a time is set for the defendant to return to court to be sentenced.	All criminal cases will first go to the Magistrates' Courts for an early administrative hearing (EAH). For summary offences, a single lay magistrate checks – If the defendant wants to apply for legal aid; – If they are eligible for it; – If some pre-sentence or medical reports are requested; – If the defendant should be released on bail or remand in custody (see *supra* pre-trial detention); – If they plead guilty or not guilty.	When there is a judicial investigation, the suspect is brought to the investigating judge who checks their identity, informs them of the facts of the case the judge has to investigate and the possible counts the suspect may be charged with. Then the judge proceeds to an interrogation with the statutory presence of a defence lawyer. At last, they make a decision: – Not to charge him or her with an offence. The suspect becomes an assisted witness (témoin assisté), that is to say someone helping the judge with his inquiries.

American criminal procedure	English criminal procedure	French criminal procedure
– Decides whether to alter the bail amount or to release the defendant on his or her own recognizance. These matters are usually revisited even if addressed in prior proceedings. – Announces dates of future proceedings in the case, such as the preliminary hearing, pre-trial motions and trial. A defendant may also enter a plea bargain with the prosecution. In a plea bargain, the defendant agrees to plead guilty to one or more charges (often to a lesser charge than one for which the defendant could stand trial) in exchange for a more lenient sentence (and/or so that certain related charges are dismissed). This is called a 'plea agreement'.	For triable either way and indictable offences, there is another preliminary hearing called the 'plea before venue hearing', to determine how the defendant pleads. Then, there is a second step called mode of trial proceedings to establish where the case will be tried. For indictable offences, after the EAH and the plea before venue hearing before a Magistrates' Court, the case is sent to the Crown Court for the plea and case management hearing (PCMH) where: – The charges of the indictment are read out to the defendant in open court – The defendant is asked how he pleads for each charge. This process is called the 'arraignment.'	– To charge him or her with an offence. When someone is charged with an offence, they are granted certain rights, including the right to the presence of a lawyer, the right to have access to the file, the right to lodge an appeal, the right to request some judicial acts, the right to file a motion to exclude some evidence (requête en nullité). A judicial investigation is compulsory for serious offences (crimes), discretionary for major offences (délits), and rare for minor offences (contraventions). When there is no judicial investigation, under certain circumstances, the suspect is brought before the public prosecutor.
INFORMATION OR INDICTMENT (federal level)	**COMMITAL PROCEEDINGS**	**JUDICIAL INVESTIGATION *(L'INSTRUCTION)***
The next stage aims at determining if there is enough evidence to sent the case for trial. – For misdemeanors and some felonies or if the defendant waived his right to a grand jury, indictments are not usually necessary. The U.S. attorney issues an information which takes the place of an indictment (sorte d'instruction par un magistrat) – For the more serious felonies, there is a grand jury indictment.	– For indictable (serious) offences, there is a committal. This is an early administrative hearing in the Magistrates' Court to decide if there is enough / sufficient evidence to commit / transfer the case to the Crown Court and send the accused there for trial by jury.	The investigating judge will examine the written file of the case (le dossier) to determine if there are enough elements for the case to be sent for trial. The judge informs all the parties that the judicial investigation is closed and issues an order to end the judicial investigation (ordonnance de règlement). They may: – Issue an order to transfer the case to the *tribunal correctionnel* for major and minor offences (délits et contraventions). This is called 'ordonnance de renvoi'. The accused is called a 'prévenu'.

American criminal procedure	English criminal procedure	French criminal procedure
A bill of indictment is presented by the prosecutor (the U.S. attorney or an assistant U.S. Attorney) to a federal grand jury who investigates and determines whether there is enough evidence that the defendant committed a crime to justify having a trial. (1) If the grand jury agrees, they sign the indictment and issue a true bill. (2) If they disagree, they issue a no bill: équivalent du non-lieu en France.	– If the court finds that there is, the defendant is committed to the Crown Court to stand trial. – If the court finds that there is not, the defendant is discharged.	– Issue an order to transfer the case to the cour d'assises for serious offences (crimes). This is called a 'mise en accusation'. The accused is called 'l'accusé'. – Issue an order not to pursue the prosecution. He rules that there is no case to answer and that there is insufficient evidence to proceed.
PRE-TRIAL DETENTION		
The indictment is issued. The defendant is either: – Summoned to court, or – Arrested (if not already under arrest), depending on the severity of the crime. The suspect will first appear before a bond judge or a judicial officer in a bond court to decide: – To release him or her unconditionally, on his or her own recognizance (sans caution sur l'honneur), but they will have to appear in court at a future date. – To release him or her on bail. – To remand the defendant in custody until their trial.	The indictment is issued. The defendant is served on with a summons which sets out a date on which the case will be heard at the appropriate court. The police (the custody officer) may release a suspect or someone who has been charged on bail during the investigation on the condition that he returns to the police station on a specific date in the future. If bail is refused by the police, the defendant has to be brought to the Magistrate's Court where magistrates may decide: – To release the person unconditionally. – To release them on bail / certain conditions. They can require a surety: someone who promises to pay a certain sum of money if the defendant fails to attend court. The promise is called a recognizance. Examples of conditions: • That they appear at court at a future set date;	When someone is charged with an offence, there are three possible situations: – They are released unconditionnally (liberté totale); – They are granted conditional bail (contrôle judiciaire); – They are remanded in custody (placé en détention provisoire). For the list of conditions, see the code of criminal procedure: no meeting with certain persons, no travel outside a precise area, obligation to report to the police regularly, payment of a bail. If the person breaches their bail's conditions, they may be remanded in custody.

American criminal procedure	English criminal procedure	French criminal procedure
Bail is the term used to refer to amount of money that is given to the court when the defendant is released on bail, and which is refunded when the defendant appears in court when ordered to do so. Defendants are protected against excessive bail secured in Amendment VIII.	• That they hand in their passport; • That they regularly report to the police; • That they live at a precise address or at a bail hostel. – To remand the defendant in custody until their trial. Under Section 4 of the Bail Act 1976, bail is not granted if there are substantial grounds for believing that they will fail to surrender to custody, commit an offence while on bail, interfere with other witnesses or otherwise obstruct the course of justice. A defendant can appeal against a refusal to grant bail. Such an appeal is made to a judge at the Crown Court. When a defendant is granted bail, the prosecution have the right to appeal to a judge in the Crown Court against the decision.	The judicial investigation division of the court of appeal (la chambre de l'instruction de la cour d'appel) reviews the decisions made by the investigating judge and the judge of freedom of detention including orders to remand someone in custody prior to trial.
PRE-TRIAL MOTIONS		
The judge hears motions brought by both parties and decides to dismiss the charges or not. – Motion to dismiss the case on the ground that the case is too weak or legally questionable. – Motion to rule on the admissibility of evidence. – Motion to suppress incriminating evidence that has been obtained through unlawful means. – Motion for discovery of evidence when a party suspects the other one is withholding a piece of evidence. – Motion to exclude a witness. – Motion to change of venue when there is a doubt as to the jurisdiction.	Same process.	The judicial investigation division has to control the regularity of procedural acts. Judges rule on motions filed by both parties to nullify / suppress an act.

American criminal procedure	English criminal procedure	French criminal procedure
THE TRIAL *(L'AUDIENCE)* (**jury trial**: a trial in which a jury decides the facts or a **bench trial**: a trial without a jury, in which the judge decides the facts)		
Under Amendment VI, a criminal defendant has the constitutional right to a jury trial. However, sometimes a defendant decides to waive the right to a jury trial and to leave the fact-finding to the judge, the defendant is then tried in what is called a bench trial. The prosecution presents its case, and the defendant presents evidence in his or her behalf. Even if the defendant presents no evidence, the jury must decide whether the prosecution evidence is sufficient to meet its burden of proof. The jury never decides what law applies to the case; that is the role of the judge.	In England and Wales, there is a jury trial only in criminal cases heard in the Crown Court when the defendant has pleaded not guilty. For indictable offences and triable either offences, the trial hearing goes as follows: introductory phase with the reading of the charges and the opening speeches by the prosecution and the defence; evidentiary phase with the examination, cross-examination and re-examination of both prosecution and defence witnesses; then closing speeches: first prosecution counsel, then defence counsel. For summary offences, the trial hearing in the Magistrates' court goes as follows: the clerk of the court checks the defendant's name and address and asks whether he pleads guilty or not guilty. The Crown Prosecutor will give the court a summary of the facts of the case. The defendant is asked if he agrees with those facts. The defendant's past record of convictions, if any, is given to the court, as well as other info about his background. The defendant and his lawyer can then explain any matter which might persuade the magistrate to give a lenient sentence, a speech in mitigation. The magistrates decide the sentence.	There is a jury trial in the cour d'assises only for serious offences (crimes). The trial hearing starts with the examination of the defendant who has to state their name. After jurors have been selected and challenged by each party, the clerk of the court will read the list of all the witnesses who are going to be called to the stand. Then the order to send the case for trial and the charges held against the defendant are read out. The defendant is examined by both sides, as well as witnesses and experts. Each party presents its elements: closing speech (plaidoiries) of the defendant, the victim and the public prosecutor (réquisitoire).

American criminal procedure	English criminal procedure	French criminal procedure
	For triable either way offences, the trial hearing in the Magistrates' Court goes as follows: the defendant is first asked if he pleads guilty or not guilty. If he pleads guilty, he has no right to ask to go to the Crown Court although the magistrates may still decide to send him there for sentence. If the defendant pleads not guilty, then the magistrates must decide where the case will be tried. Cases involving complex questions of fact or law should be sent to the Crown Court. Defendants pleading not guilty have the right to choose where they want the case to be dealt with. If the case is sent to the Crown Court, the trial hearing is the same as for indictable offences. If the case stays in the Magistrates' Court, the trial hearing is the same as for summary offences.	
INSTRUCTIONS TO THE JURY AND STANDARD OF PROOF		
Following the closing arguments, the judge gives instructions to the jury, explaining the relevant law, how the law applies to the case being tried, and what questions the jury must decide. One important instruction the judge gives to the jury is the standard of proof they must follow in deciding the case. In criminal cases, the defendant may be convicted only if the jury (or judge, in a bench trial) believes that the government has proved the defendant's guilt *"beyond a reasonable doubt"*.	Same process. The standard of proof is *"beyond reasonable doubt"*.	The defendant is presumed innocent and has the benefit of the doubt. Jurors take an oath swearing to decide according to the charges and defence arguments following their conscience and their innermost conviction. The hearing is closed by the reading of two elements: first the questions asked to the jurors, second one instruction (art. 353).

American criminal procedure	English criminal procedure	French criminal procedure
DELIBERATIONS AND VERDICT		
The (petit) jury listens to the evidence presented at the trial and determines whether the defendant is guilty of the charge. After receiving its instructions from the judge, the jury retires to the jury room to discuss the evidence and to reach a verdict. A criminal jury verdict must be unanimous, meaning that all jurors must agree that the defendant is guilty or not guilty. If the jurors cannot agree, the judge declares a mistrial, and the prosecutor must then decide whether to ask the court to dismiss the case or have it presented to another jury.	Same process except that the verdict may not always be unanimous. The judge may accept a majority verdict of 10 jurors out of 12.	Jurors convene in the deliberation room (chambre de délibération) where they try to answer each of the different questions they have been asked. They return to the courtroom to give their decision which is made public.
JUDGMENT		
In federal criminal cases, if the jury (or judge, if there is no jury) decides that the defendant is guilty, the judge sets a date for a sentencing hearing. After determining the sentence, the judge signs a judgment, which includes the plea, the verdict, and the sentence. This is the final order of the court that resolves the case and states the rights and liabilities of the parties.	Eventually, the judge's sentence, respecting (or not) the jury's verdict.	The defendant is either: – Found not guilty (reconnu non coupable) and acquitted (relaxé in a tribunal correctionnel or tribunal de police, acquité in a cour d'assises), or – Found guilty / convicted (condamné) and sentenced.
RIGHT TO APPEAL		
A defendant who is found guilty in a federal criminal trial has a right to appeal the decision to the U.S. Court of Appeals, that is to say, ask the Court of Appeals to review the case to determine whether the trial was conducted properly.	The convicted person has a right to appeal: – Against conviction and or sentence to the Crown Court or the Court of Appeal Criminal Division. – Against a conviction on points of law (in the Queen's Bench Division of the High Court).	Any person convicted has the right to have their conviction examined by another court (principe du second degré).

American criminal procedure	English criminal procedure	French criminal procedure
The government may not appeal if a defendant in a criminal case is found not guilty, because the Double Jeopardy Clause of the Fifth Amendment to the Constitution provides that no person shall *"be twice put in jeopardy of life or limb"* for the same offense. Someone who is dissatisfied with the ruling of the Court of Appeals can request the U.S. Supreme Court to review the decision of the Court of Appeals. This request is named a Petition for Writ of Certiorari (informally called *"Cert Petition"*.).	From the decision of the Queen's Bench Divisional court, there is a possibility to lodge an appeal to the U.K. Supreme Court provided: – The Divisional Court certifies that a point of law of general public importance is at stake – The U.K. Supreme Court gives leave (permission) to appeal.	

Annexe n° 3 : organisation juridictionnelle fédérale aux États-Unis

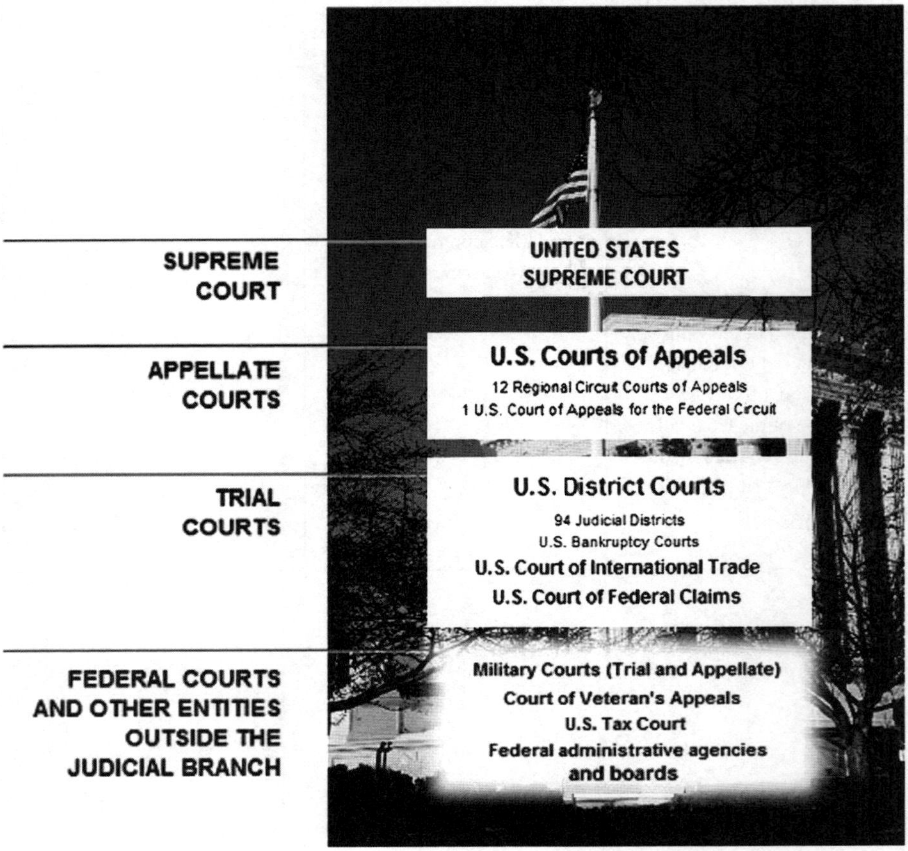

Annexe n° 4 : organisation juridictionnelle (Angleterre et pays de Galles)

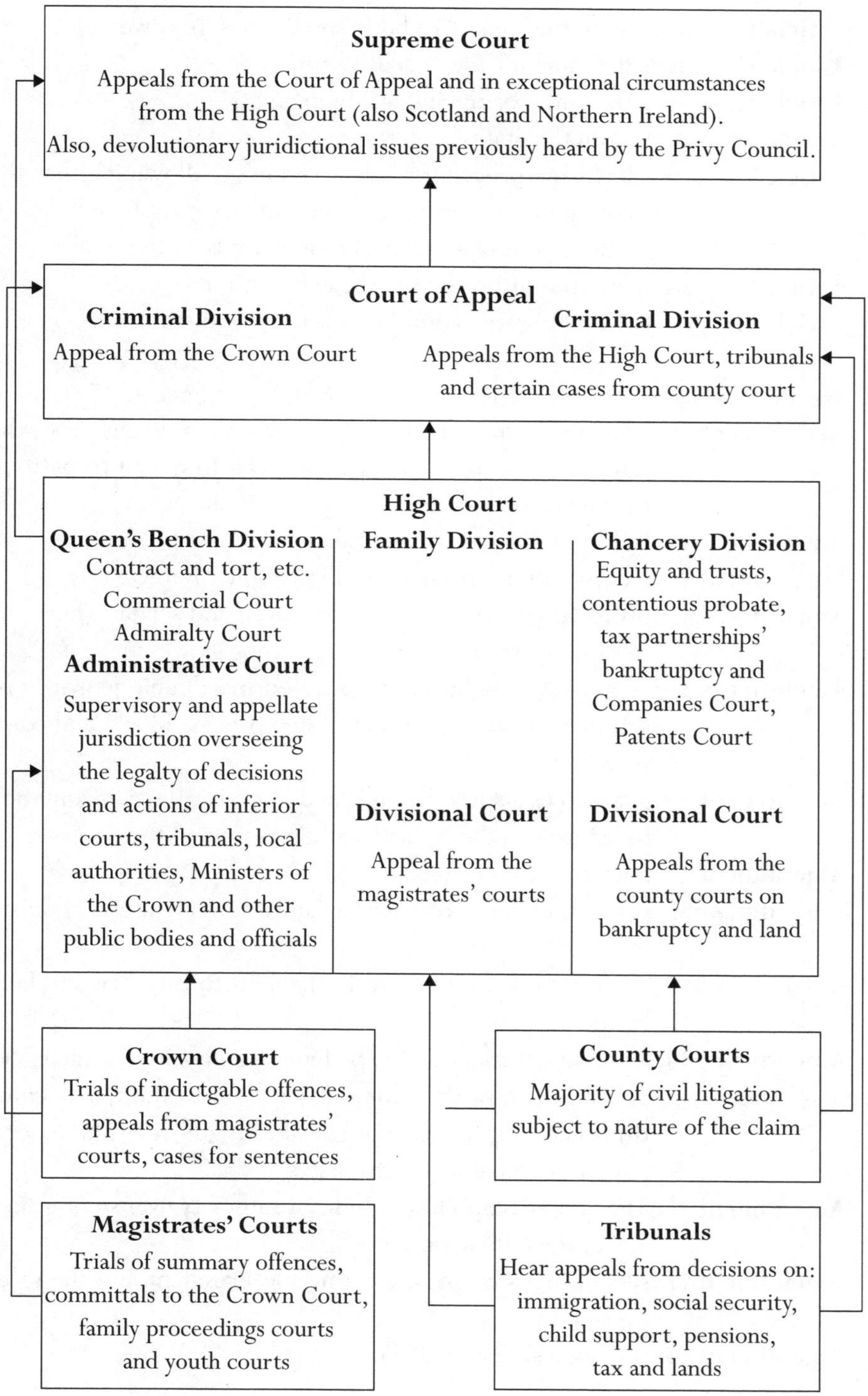

Annexe n° 5 : composition de la constitution américaine

It is composed of a preamble, 7 articles and 27 amendments.

Article I deals with the legislative body and defines its powers.
Article II does the same for the executive power.
Article III does the same for the judicial branch.
Article IV deals with the States' rights.
Article V lays down the procedure for amendment, allowing either the states or the Congress to take the initiative, approved by 2/3 majorities in both Houses and ratified by ¾ of the states.
Article VI stipulates the supremacy of the constitution.
Article VII deals with the ratification process of the constitution.

The Bills of Rights (the first ten amendments adopted at once in 1791).
Amendment 1: freedom of speech and religion, freedom of the press, the right of the people to assemble peacefully and to petition the Government for a redress of grievances.
Amendment 2: right to bear arms in a regulated militia.
Amendment 3: troops will not been housed in people's homes.
Amendment 4: protects against unreasonable search and seizure (need for a search warrant).
Amendment 5: protects the rights of the accused: no double jeopardy or self-incrimination, respect of due process of law and compensation.
Amendment 6: guarantees a speedy, public and fair trial, the confrontation by witnesses, the right to call one's own witnesses.
Amendment 7: guarantees a jury trial.
Amendment 8: protects against excessive bail and cruel and unusual punishment.
Amendment 9: all rights not written out in the Constitution are still held by the people.
Amendment 10: lays down that any action by federal authorities, which goes beyond the powers granted in the Constitution, is unconstitutional. All powers not specifically given to the federal government belong to the states.
Amendment 11: The United States has no judicial authority over suits against any of the individual states.
Amendment 12: sets up the system of electing the President and the Vice-President.
Amendment 13: prohibits slavery (1865).

Amendment 14: defines what constitutes American citizenship and the privileges that go with it (1868).

Amendment 15: states that the right to vote cannot be denied on account of race, colour, or previous servitude.

Amendment 16: Congress is given the right to create taxes on income, as well as the right to collect taxes.

Amendment 17: defines the process for electing Senators, the process for filling vacancies and the qualifications for electors.

Amendment 18: prohibits the sale and transport of intoxicating liquor (prohibition).

Amendment 19: states that the right to vote cannot be denied because of sex.

Amendment 20: defines the length of term for the President, Vice-President, Senators and Representatives.

Amendment 21: repeals prohibition.

Amendment 22: limits the number of terms a president can serve to two.

Amendment 23: creates electors for the District of Columbia.

Amendment 24: effectively bans the use of poll taxes.

Amendment 25: defines the procedure for the succession of the Vice President to the Presidency, the filling of a vacancy in the Vice Presidency, and the role where the vice President acts as President.

Amendment 26: gives the vote to 18-year olds.

Amendment 27: Congressional pay.

Annexe n° 6 : cartes

Annexe n° 6 : cartes

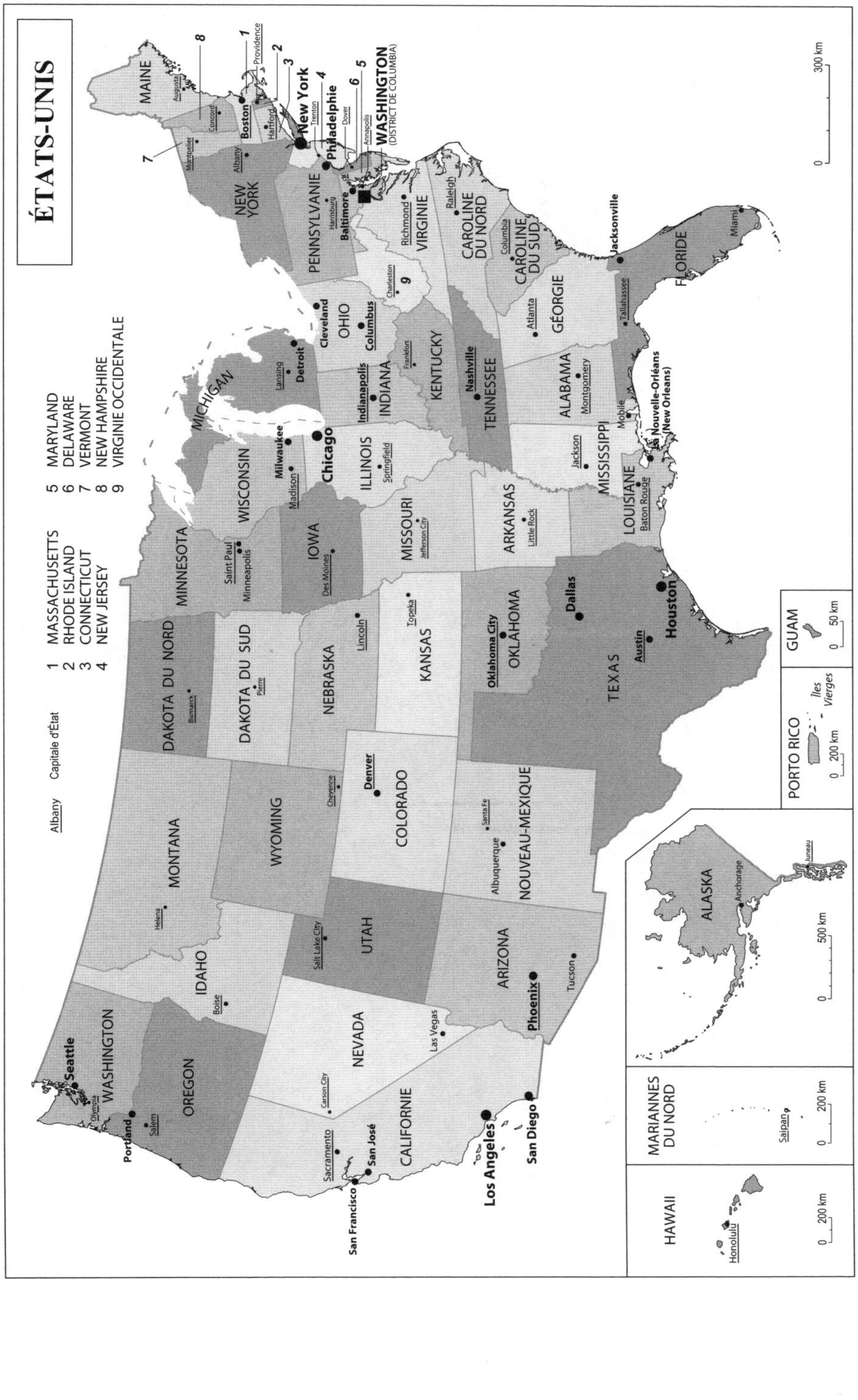

Annexe n° 6 : cartes

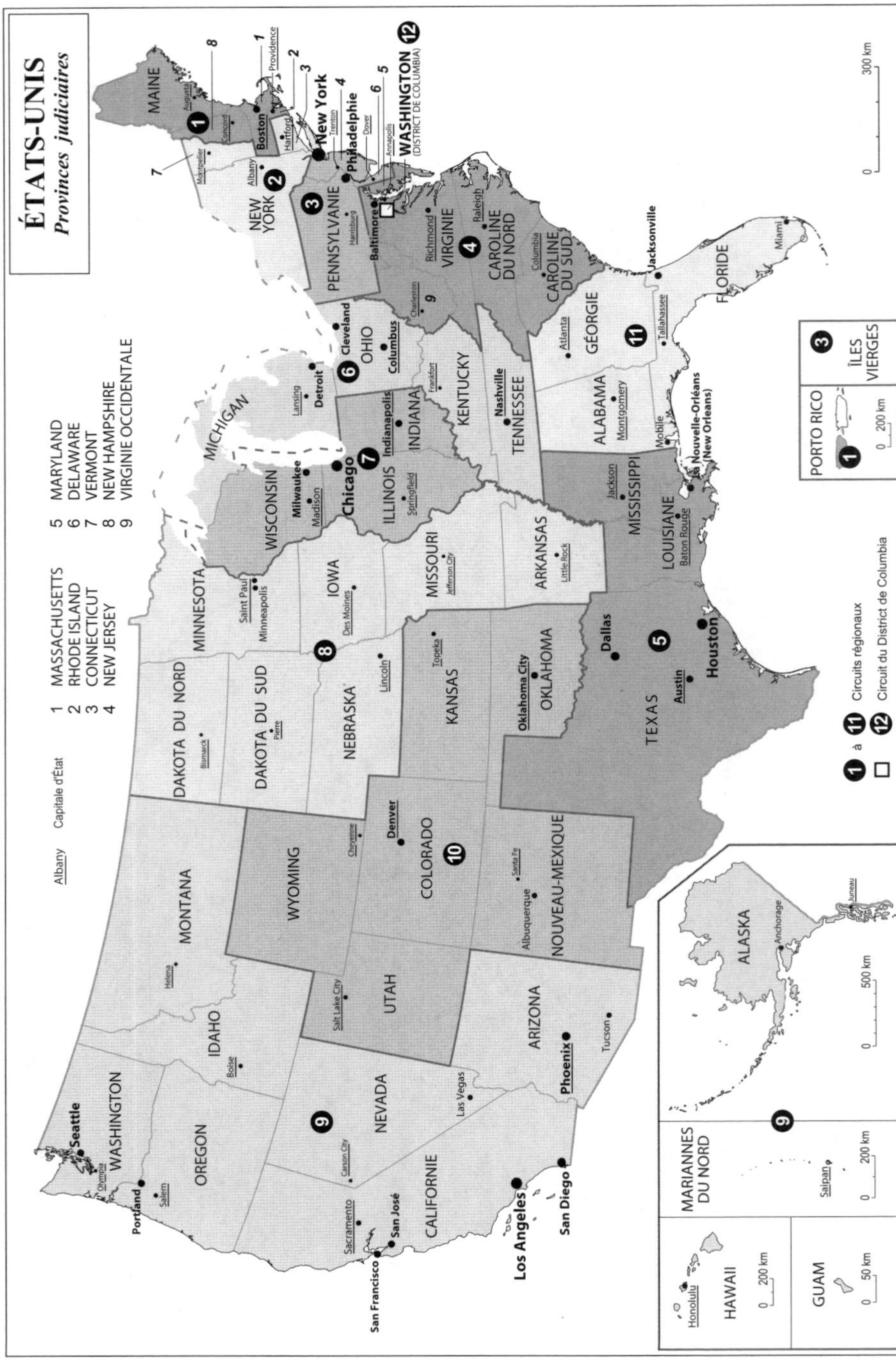

Annexe n° 7 : tableau des principaux signes de l'alphabet phonétique

Voyelles brèves	Voyelles longues	Diphtongues	Consonnes
[ɪ] fish	[i:] key	[aɪ] bike	[h] hat
[e] bed		[aʊ] house	[r] red
[æ] cat	[ɑ:] car	[eɪ] plate	[j] yes
[ɒ] box	[ɔ:] door	[eə] chair	[w] well
[ʊ] book	[u:] shoe	[ɪə] beer	[ŋ] long
[ʌ] bus		[ɔɪ] boy	[θ] thanks
[ə] an	[ɛ:] girl	[əʊ] boat	[ð] that
		[ʊə] poor	[ʃ] English
			[ʒ] television

Annexe n° 8 : corrigés des exercices d'entraînement, 5e partie, III, D, E, F (p. 157 à 164)

1. Emprunt

- En ce moment / en fait
- Poursuivre (sens physique) / poursuivre en justice
- Arriver (sens physique) / survenir, se produire
- Résumer / reprendre une activité
- Chef d'orchestre / chauffeur
- Candidature / application (d'une loi)
- Demande en mariage / proposition
- Sensible / raisonnable
- Se souvenir (d'un événement passé) / se rappeler (de faire quelque chose)
- Une politique (particulière) / les sciences politiques ou la politique (de façon générale)

2. Calque

La traduction « l'homme dans la rue » ne convient pas. Il faut traduire par « l'homme de la rue » ou « monsieur tout le monde ».

3. Traduction littérale

- S'il quittait immédiatement, il attraperait le 7:30 train.
- Nous n'avons pas beaucoup de temps laissé.

Lorsque la traduction littérale n'aboutit pas à un énoncé grammaticalement correct et traduisant exactement la pensée de l'auteur, ou si cette traduction n'a aucun sens, vous devez recourir à d'autres procédés de traduction.

- S'il partait sur le champ, il aurait le train de 7 h 30.
- Il ne nous reste plus beaucoup de temps.

4. Transposition

Exercice d'application n° 1

- Papa leva les yeux et sourit.
- Elle ouvrit la porte d'un coup de pied. *(Chassé-croisé)*
- La radio est éteinte. *(Adverbe adjectif)* →
- Elle le regarda avec amour. *(Adverbe groupe prépositionnel)* →
- Avant ton retour… *(Proposition subordonnée groupe prépositionnel)* →
- Nous avons gravi la colline à grand-peine. *(Chassé-croisé)*
- Ils descendirent l'escalier à la hâte. *(Chassé-croisé)*
- Il alla jusqu'à la porte en titubant. *(Chassé-croisé)*
- Ils se sont introduits dans la banque sans bruit. *(Chassé-croisé)*

L'usage veut que l'on entre normalement dans un lieu en marchant, ce qui implique que dans ce genre de chassé croisé, le verbe « walk » n'est généralement pas traduit. Si en revanche la manière d'entrer est inhabituelle, il faut le préciser dans la traduction.

Exercice d'application n° 2

- To get through = to communicate with
- To get away = to take without detection or punishment
- To get up = to rise from bed
- To get over = to recover from
- To get round = to find the opportunity to
- To get into (trouble) = to have problems
- To get in = to arrive
- To get on = to be on good terms with

a) into
b) on
c) over
d) round
e) away
f) up
g) through
h) in

Exercice d'application n° 3

- To put off = to defer
- To knock down = to cause to fall by striking
- To take over = to assume responsibility, management
- To give back = to return something to the owner
- To knock out = to make unconscious
- To fill in = to complete by inserting information

- To give up = to abandon, renounce
- To give away = to give as a present
- To turn down = to refuse
- To put up = to accommodate, lodge

a) put off
b) fill in
c) knocked his rival out
d) put you up
e) knocked him down
f) taken over
g) give up
h) given away
i) turn it down
j) give it back

5. Étoffement

- Excursions au départ de Londres.
- De la part de John.
- Les passagers à destination de Manchester.
- L'inspecteur chargé de l'enquête.

6. Modulation

- Le moment où…
- Il est facile de démontrer…
- Cela ne se dit pas…
- Le saumon se mange froid.
- J'étais sûr qu'on ferait venir la police.
- On ne connaîtra jamais sa part de responsabilité.

7. Équivalence

Exercice d'application n° 1 :

- She just wanted them to check that. Elle voulait simplement qu'eux vérifient ça (proposition grammaticalement incorrecte).
- They put the house up for sale. Ils ont surélevé la maison pour la vendre (contresens, elle ne correspond pas au message anglais).
- He has a strong body of evidence against him. Il a un fort corps d'évidence contre lui (non-sens, la phrase ne correspond à rien en français).

Exercice d'application n° 2

- A criminal lawyer : un pénaliste
- An investigating judge : un juge d'instruction
- I can't take it any more. Je n'en peux plus.

Exercice d'application n° 3

- To conduct a trial
- To cross-examine a witness
- To compile a record
- To exercise control
- To reverse a decision
- To review a case
- To return a verdict
- To play a role
- To prosecute the accused
- To withhold information
- To take an oath
- To acquit the defendant
- To hold a preliminary hearing
- To plead guilty
- To provide evidence
- To introduce measures

E. Proverbs and sayings

1. 1, b ; 2, a ; 3, c ; 4, b ; 5, a ; 6, c ; 7, b ; 8, a ; 9, c ; 10, c ; 11, a ; 12, b ; 13, b ; 14, c.

2. 1, beauty ; 2, chicken ; 3, die ; 4, dog ; 5, bird, worm ; 6, good ; 7, pound ; 8, possession ; 9, stone ; 10, devil ; 11, boils ; 12, spice.

3. 1, c ; 2, f ; 3, g ; 4, a ; 5, e ; 6, d ; 7, h ; 8, b.

F. Words from British and American culture

1. 1, c ; 2, c ; 3, b ; 4, c ; 5, c ; 6, c ; 7, c ; 8, c ; 9, c ; 10, c ; 11, a ; 12, c.

2. 1, the civil rights movement ; 2, the Ivy League ; 3, the Fourteenth Amendment ; 4, New Labour ; 5, the First Amendment ; 6, MI6 ; 7, the VSO (Voluntary Service Overseas) ; 8, Westminster ; 9, the Samaritans ; 10, the FRS (the Federal Reserve System).

3. 1, c ; 2, g ; 3, h ; 4, i ; 5, j ; 6, b ; 7, d ; 8, e ; 9, f ; 10, a.

Les références culturelles sont parfois utilisées de façon idiomatique, et leur signification est claire pour quelqu'un qui possède le bagage nécessaire, mais pas toujours pour une personne étrangère à cette culture.

Annexe n° 9 : rappel des différents temps en anglais

Présent simple	Base Verbale (BV) + – s à la 3e personne du singulier	Aux. DO	I speak English. I don't speak English.	Vérité générale, caractéristique du sujet, habitude, répétition.
Présent en *-ing*	Be + BV + – ing	Aux. BE	I am speaking English. I am not speaking English.	Action en cours au moment où on l'on parle, valeur du – ing = « du déjà »
Present perfect	Have + BV + – ed (attention au participe passé des verbes irréguliers)	Aux. HAVE	I have spoken English I have not spoken English.	Action passée qui a un impact sur le présent. Action qui commence dans le passé et est toujours vraie au moment où l'on parle, i.e. lien entre le présent et le passé.
Prétérit simple	BV + – ed (attention aux verbes irréguliers)	Aux. DID	I spoke English. I didn't speak English.	Action terminée au moment où l'on parle, action souvent datée, valeur de – ed = rupture avec le présent.
Prétérit progressif	Was / were + BV + ing	Aux. WAS / WERE	I was speaking English. I wasn't speaking English.	Action se déroulant pendant un laps de temps du passé qui est souvent mise en comparaison avec une action plus courte l'interrompant, elle-même au prétérit simple.
Past perfect	Had + BV + ed	Aux. HAD	I had spoken English. I hadn't spoken English.	Action antérieure à une action passée.

Annexe n° 9 : rappel des différents temps en anglais

Index

Liste des textes de loi mentionnés

Achevé d'imprimer en avril 2011 par EMD S.A.S. (France)
N° d'imprimeur : 24937 - Dépôt légal : mai 2011